KB098463

종교개혁

THE REFORMATION: A Very Short Introduction, First Edition

첫 단 추 시 리 즈
011

종교개혁

피터 마셜 지음
이재만 옮김

교유서가

트레버 존슨(1961~2007)을

추모하며

차례

종교개혁은 근대 유럽을 만들어내고 세계 역사에 지울 수 없는 흔적을 남겼다. 그런데 종교개혁이란 무엇이었는가? 진보와 자유, 근대성으로 나아가는 힘이었는가 아니면 분쟁과 분열, 억압을 낳는 힘이었는가? 사심 없는 이상주의와 유익한 사회 변화를 북돋는 종교의 능력을 뚜렷이 보여주는 역사적 사례인가 아니면 신앙이라는 미명하에 자행되는 광신과 불관용을 경고하는 이야기인가? 대관절 종교와 관련된 사태이기는 했던가? 오히려 경제적·정치적 변화를 정당화하기 위해 속내와 달리 정신의 고양을 들먹인 전형적인 역사적 사례로 보아야 하지 않을까?

학자들은 으레 이런 물음들의 답을 알고 있었다. 다만 그들

서로의 답은 사뭇 달랐다. 종교개혁은 변혁을 직접 겪은 사람들만큼이나 후대 역사가들을 분열시켰다. 종교개혁이 줄곧 우리의 토대가 놓인 순간으로, 즉 기원과 태생에 관한 물음들, 우리가 누구이고 어디서 왔느냐는, 문화적으로나 정치적으로나 논쟁이 분분한 쟁점들이 제기된 순간으로 보여왔기 때문이다. 세계 각지의 신교도 수백만 명은 지금도 16세기의 사태에서 영감을 받고 그때부터 자기네 이야기가 시작되었다고 여긴다. 종교개혁은 정신을 해방한 이야기, 신학적·도덕적 예속이라는 족쇄를 벗어던진 이야기다. 독일 수사 마르틴 루터(Martin Luther)라는 배교자가 개시한 운동은 미신적이고 심리적으로 부담스러운 믿음을 평범한 예배자들(평신도)에게 강요함으로써 권력을 유지해온 제도 교회 성직자들의 부패하고 억압적인 규칙에 종지부를 찍었다. 또한 종교개혁은 인간이 만든 전통이라는 구멍난 수도관 탓에 수백 년간 물줄기가 오염된 뒤, 기독교의 맑은 수원으로 되돌아간 운동이었다. 하느님의 말씀인 성서는 기독교인의 삶의 준칙이자 판결자라는 온당한 위치를 되찾았다. 토착어로 번역된 성서에서 평신도 독자들은 지난날 중세에 주제넘은 비서처럼 중간에서 청원자와 주님의 대면을 가로막았던 성직자를 우회하여 예수 그리스도를 직접 만났다.

이 이야기와 연관된 다른 버전에 따르면, 세속적 자유주의자들은 종교개혁이 자기네 유산이기도 하다고 주장할 수 있다. 루터의 항의는 사회생활과 지적 생활의 여러 영역에 자리 잡은 권위주의에 대한 선제공격, "여러분이 무엇을 생각할지 말해주는" 종교를 강타한 사건이었다. 근대 개인주의는 종교개혁이 장려한 구속받지 않는 성서 읽기에서 기원했고, 근대 자본주의는 신교 상인들의 근면과 진취성에서 기원했으며, 근대 과학은 오래된 권위들에 바치는 경의를 거부한 데서 기원했다. 인간을 해방시킬 잠재력을 품은 정치 조직의 새로운 형태들은 로마에 반기를 드는 가운데 출현했다. 신문 지면의 전문가들이 종종 엄숙하게 단언하듯이, 현대 이슬람의 '문제'는 종교개혁을 겪지 않아서 계몽주의를 낳을 수 없다는 것이다. 예전보다 덜 유행하긴 해도 여전히 이따금 선전되는 마르크스주의적 견해에 따르면, 종교개혁은 봉건 귀족을 전복한 '초기 부르주아 혁명'—후대의 프롤레타리아트 혁명에 반드시 필요했던 역사적 선결조건—의 한 사례였다.

또다른 버전들도 있다. 1520년 교황 교서는 루터를 규탄하면서 그를 주님의 포도밭을 파헤치고 다니는 야생 멧돼지에 비유했으며, 루터와 그가 촉발한 운동은 수백 년간 가톨릭교도 다수의 눈에 그렇게 비쳤다. 빅토리아 시대 예수회 시인 제러드 맨리 홉킨스(Gerard Manley Hopkins)는 걸작 『독일의 난파The Wreck of the Deutschland』에서 교황의 규탄에 공명하듯 루터를 "폐목재 짐승"에 빗대었다. 승리한 모든 곳에서 종교개혁은 값을 매길 수 없이 귀한 예술·문화 유산을 무자비하게 파괴했다. 또한 공동체의 소중한 구조를 허물었다. 길드, 신도회, 집단 의례 등으로 상호 연결된 공동체 세계라는 버팀목을 잃은 개개인은 교회의 신자로, 국가의 신민으로 저마다 홀로 서게 되었다. 이 이야기를 세속적으로 바꾼 버전들도 있다. 성서의 꾸밈없는 있는 그대로의 진리, 성서 텍스트의 문자 그대로의 의미를 고수한 신교의 태도는 현대 근본주의와 반자유주의의 초석이 아니었을까? 종교개혁이 못내 유감인 가톨릭교도들과 비(非)신성 동맹을 맺은 현대의 일부 페미니스트들은 종교개혁이 가정에서 가부장의 권위를 강화하고 수녀원으로 대표되는 경력 진로를 차단하는 등 여성에게 나쁜 소식이지 않았을까 의심해왔다. 한편, 현대 기독교의 세계교회주의자들은 종교개혁 전체가 불운한 실수였다고, 루터와 그의 적수들은 구원에 대해 격렬히 논쟁하는 내내 실은 같은 말을 하고 있었다고 주장한다.

이런 이야기들은 모두 신화다. 그렇다고 해서 전부 완전히 허구라는 뜻은 아니다. 신화는 거짓말이 아니라 인식한 현실을 상징적으로 표현한 강력한 이야기다. 종교개혁에 관한 모든 신화가 허구라고 믿기보다는 모두 진실이라고 믿는 편이 더 안전할 것이다. 종교개혁에 대한 철저히 탈신화화한 서술을 내놓겠다는 것은 달성할 수 있지도 않거니와 바람직하지도 않은 목표일 것이다. 그럼에도 이 작은 책은 (오늘날 가장 뛰어나되 항상 공평하지는 않은 학식에 의지해) 종교개혁이 어떤 종류의 현상이었는지 설명하는 한편 종교개혁이 삶의 종교·정치·사회·문화 영역에 두루 끼친 영향과 근대 세계에 남긴 유산의 성격을 평가하려 시도할 것이다.

우선 아주 기본적인 질문부터 해보자. 실제로 '종교개혁' 따위가 있었는가? 이 표현이 가리키는 사태가 일어나고 오랜 시간이 지나기 전까지, 오늘날 우리가 공통으로 받아들이는 의미로 '종교개혁'이라는 용어를 사용한 사람은 아무도 없었다. 기독교 내부의 '개혁' 요청은 이 종교 자체만큼이나 오래된 것이고, 매 시대마다 기독교를 시급히 개혁하려는 시도가 있었다. 역사가들은 베네딕트회의 수도원 생활 쇄신과 연관되었던 잉글랜드 교회의 '10세기 종교개혁', 교황의 지시를 받아 기독교권 서방 전역에서 성직자의 독신을 강요하는 데 성공한 12세기 종교개혁을 확인했다. 훗날 14세기에 경쟁자 두 명(한때 세 명)이 교황 성좌에 앉을 권리를 주장한 '대분열'은 다음 세기에 격렬한 레포르마티오(reformatio, 개혁) 욕구를 불러일으켰다. 15세기 종교개혁에는 공식적인 면과 비공식적인 면이 공히 있었다. 성직자 지도부는 공의회를 통해 교회 정체를 조직화함으로써 지도력 위기를 봉합하고 분열 추문을 예방하고자 했다. 그런 위엄 있는 모임은 피사(1409), 콘스탄츠(1414~1418), 파비아와 시에나(1423~1424), 바젤과 기타 장소(1431~1449)에서 열렸다. 이런 '공의회식' 개혁 접근법은 교황직이 권위를 강요할 만큼 다시 강해지고 나자 자취를 감추었다. 그러나 그 사이에 훨씬 광범한 개혁 운동들이 이미 시작된 터였다. 잉글랜드에서 신학자 존 위클리프(John Wycliffe, 1320?~1384)는 교황의 최고 권위를 성서의 최고 권위로 대체해야 하고 성직자가 어떠한 세속적 권위도 행사해서는 안 된다고 주장하는 등 당대 교회를 놀랄 만큼 급진적으로 비판했다. 위클리프 추종자들은 대학들에서 쫓겨났으나 잉글랜드 각지에서 지하 이단 운동('롤러드파Lollards')의 토대를 다졌다. 유럽의 반대편 끝자락에 자리한 보헤미아 왕국에서 또다른 급진적 사제 얀 후스(Jan Hus)는 외국의 대군주권과 로마의 관할권에 대항하는 민족 봉기를 고무했다. 또한 후스파는 미사 중 성찬식에서 평신도에게도 빵만이 아니라 포도주까지 줄 것을 요구했다. 목표와 우선사항이 각기 다른 개혁 운동들이 항상 양립 가능했던 것은 아니지만(후스는 콘스탄츠 공의회의 결정에 따라 이단자로서 화형에 처해졌다), 총괄해서 보면 그 운동들은 마르틴 루터 이전 세기에 유럽 종교생활의 두드러진 특징이 무기력과 현실 안주였다는 어떠한 견해도 거짓임을 보여준다. 이처럼 루터 이전에 숱한 개혁 시도들이 있었음에도 루터와 연관된 종교개혁에 정관사를 붙이고 'r'를 대문자로 바꾸어 'the Reformation'이라고 쓰는 이유는 무엇일까?

그렇게 쓰지 말아야 하는 이유를 밝히는 강력한 논증들이 있다. 단수(單數) 종교개혁에 관한 옛 교과서들은 으레 1517년에 루터가 항의한 시점부터 이야기를 시작했고, 1546년에 루터가 사망하고 길어야 10년 남짓 지난 시점에 이야기를 마무리지었다. 종교개혁은 근본적으로 독일의 사건으로 보였고 (잉글랜드 같은 다른 곳에서도 중요한 반향이 일어나긴 했지만), 서사 형태가 깔끔한 운동이었다. 다시 말해 이런저런 이유로 루터가 로마 교회와 결별하고 뒤이어 독일 가톨릭교도 황제의 뜻에 대항해 프로테스탄트 국교회들이 설립되었다는 이야기였다. 종교개혁은 프로테스탄트의 종교개혁이었고, 정치적 사건이었으며, (종교개혁 이전 가톨릭교회의 무질서한 상태를 감안하면) 예측 가능했다.

이제 이런 단수 종교개혁의 연대기도 지리도 더는 설득력 있게 보이지 않는다. 그리고 종교개혁이 '불가피했다'는 가정은 중세 후기 가톨릭교의 유연성과 정신적 활력을 강조하는 새로운 연구를 고려하면 적어도 논박이 가능해 보인다. 가장 중요한 점은, 한때 16세기 종교개혁의 시작이자 끝으로 보였던 것—독일에서 전개된 루터의 운동—이 실은 훨씬 더 큰 전체의 일부분에 지나지 않았다는 주장을 이제 학계에서 두

루 받아들인다는 것이다. 단수 종교개혁은 복수 종교개혁들에, 즉 저마다 고유한 지향과 의제를 추구했던 복수의 신학적·정치적 운동들에 자리를 내주고 있다. 이처럼 뚜렷이 구별되는 국가·지방·지역 단위 종교개혁들이 있었다. 그 운동들은 모두 루터파였던 것도, 모두 성공했던 것도 아니다. 신교의 어느 야심찬 갈래는 루터주의와 경쟁하며 그 뒤를 바짝 쫓았다. 더 정확한 명칭은 '개혁파' 신교이지만, 그 갈래는 흔히 신학적 약칭으로 '칼뱅주의'라 불린다. 유럽 여러 지역에서 구교인 가톨릭교를 처음으로 대체한 신앙으로서 칼뱅주의를 경험하긴 했지만, 칼뱅주의는 이따금 '제2종교개혁'이라고도 불린다. 당대의 종교 실험자들 모두가 루터와 칼뱅을 비롯해 권한을 가진 위치에서 교리를 가르치고 세속 행정관들과 동맹을 맺은 '관료적(magisterial)' 개혁가들의 선례를 따랐던 것은 아니다. 그들과 별개로 일부 집단과 개인이 시도한 아래에서 위로의 '급진 종교개혁'도 있었다. 그들은 전혀 다른 사회질서를 상상했고, 관료적 개혁가들마저 당연시한 기독교의 기본 전제들을 과감히 재고했다. 가장 중요한 개혁들 중 하나는 가톨릭교회(만만치 않은 경쟁 교파들이 출현한 시점부터 우리는 '로마'를 붙여 로마가톨릭교회라고 부를 수 있다) 밖이 아니라 안에서 일어났다. 루터와 칼뱅의 도전에 직면하여 로마가 세력을 결집하고 성직 위계를 재정비한 사실은 오래전부터 인식되었다. 19

세기에 독일 신교 역사가들이 대중화한 상투적 서술에서 가톨릭의 이런 움직임은 소극적이고 본질적으로 반동적인 대응이라는 뜻으로 '대항–종교개혁(Counter-Reformation)'이라 불렸다. 그 이전까지 종교개혁에 관해 쓴 이들은 (그리고 오늘날에도 놀랄 정도로 많은 이들은) 테베레 강(이탈리아 중부를 흐르는 강으로 로마가톨릭교회를 가리킨다)의 이런 견해를 생략하든지 아니면 책 뒤쪽의 부수적인 장에 우겨넣었다. 그러나 점차 '가톨릭 종교개혁' 또는 '가톨릭 쇄신'이라 알려진 것은 단순히 적에 직면하여 방어시설을 보강한 대응책이 아니라 그보다 훨씬 넓은 운동이었다. 신교 반란에 앞서 가톨릭교 내부에 이미 개혁을 지향하는 새로운 정신적 동향들이 있었다. 그중 일부는 신교 반란으로 방향을 틀었지만, 다른 일부는 그러지 않았다. 신교가 시종 가톨릭교 또는 '교황파'라는 타자와 관련하여 스스로를 규정했던 것과 마찬가지로, 가톨릭 개혁은 자연히 신교와 줄곧 대치하면서 형태를 갖추어갔다. 가톨릭 개혁과 프로테스탄트 개혁을 별개로 고찰하는 것은 별로 의미가 없다. 이 책은 서로 대조를 이루고 이따금 수렴하는 두 궤도를 나란히 다룰 것이다.

프로테스탄트 개혁가들과 가톨릭 개혁가들은 서로를 비방하고 매도하는 교리를 가르쳤다. 그러나 양쪽의 더 넓은 목표와 열망은 때로 현저히 유사해 보이기도 했다. 양편 모두 더욱 영적인 교회, 더욱 경건하고 규율과 질서가 잡힌 사회를 만들어내고자 했다. 또한 고매한 이상주의자의 명령에 따라 자기네 방식을 바꿀 이유 따위는 없다고 생각했음직한 지역 공동체들의 무지, 냉담, 고지식함 같은 비슷한 장애물에 양편 모두 부딪혔다. 지난 수십 년간 종교개혁 연구에서 가장 유의미한 변화는, 신학의 변화와 새로운 교회 구조들의 공고화 말고도 많은 것들이 이 주제에 포함된다는 깨달음이었을 것이다. 바꾸어 말하면, 교회사는 교회사가들에게 맡겨두기엔 너무나 중요하다는 깨달음이었다. 오늘날 종교개혁의 폭넓은 '사회사'는 평범한 민중의 경험 및 기대를 의식하면서 종교개혁의 원인과 결과라는 문제와 씨름하고 있다. 어째서 평신도들이 대대로 물려받은 전통적인 믿음을 포기하고 종교개혁을 위해 결집했느냐고 묻는 것은 그들의 내밀한 우선사항과 관심사를 들여다보는 중요한 역사적 창을 열어젖히는 일이다. 아니나 다를까, 연구자들은 그들의 관심사가 교육받은 개혁가들의 관심사와 동일하지 않았음을 발견했다. 1520년대 독일에서 민중은 개혁 프로그램에서 자신들의 필요에 호소하는 측면을 선별해 채택했고, 그 과정에서 옛 전통에 속하는 학자들이 항상 인정하려 들지는 않았던 '작인(作因)'으로서의 능력을 입증했다. 종교개혁들은 모든 사람의 영원한 운명에 영향을 끼쳤다. 다시 말해 천국에 이르기 위한 규칙을 수정하거나 다듬거나 강화했고, 인간이라면 모름지기 그 규칙이 무엇인지 알아야 했다. 그러나 다른 한편으로 종교개혁들은 사람들이 살아가는 정치적 구조부터 일상생활의 소소한 의례까지 사실상 존재의 모든 측면에도 영향을 주었다. 유럽에서 예술과 문화의 풍경은 재편되었고, 결혼과 가족, 젠더 관계 같은 친밀한 환경도 마찬가지였다. 이처럼 종교개혁의 영향을 바라보는 시야가 넓어진 결과, 1517년 면죄부 논쟁부터 1563년 트리엔트 공의회 폐회까지 숨가쁘게 전개된 과정은 이 현상을 이해하기에 충분한 얼개로 보기 어렵게 되었다. 종교개혁이 불러일으킨 힘들은 수십 년간, 길게는 수백 년간 작용했다. 역사가 두 명이 생각하는 종교개혁 기간이 서로 정확히 같지는 않을 테지만, 나는 잠시 멈추고 검토하기에 적절한 시점이 1700년경이라고 생각한다.

종교개혁기가 길었다는 것은 필연적으로 그 영향권이 넓었음을 뜻한다. 돌멩이는 루터의 독일에 떨어졌을지 몰라도, 그 돌멩이가 일으킨 물결은 훨씬 멀리서도 감지되었다. 기독교 세계 어디서나 종교개혁이 진행된 것은 아니다. 기독교 유럽은 일찍이 1000년 전에 옛 로마 제국의 동쪽 절반과 서쪽 절반 사이 단층선을 따라 갈라졌다. 서방 '라틴' 또는 가톨릭 기독교권은 교황의 권위를 인정했다. 동방 또는 '정통' 교회들은 가지각색 총대주교들에게 지도를 청했고, 그중에서 1453년 무슬림 튀르크족에 함락된 도시 콘스탄티노플의 총대주교가 두각을 나타냈다. 종교개혁은 라틴 기독교 내부의 에피소드였다. 정교회는 서방 교회의 이웃으로 머물렀고, 종교개혁에서 완전한 참가자가 아니라 이따금 분쟁과 개종의 대상이 되었을 뿐이다. 그럼에도 종교개혁은 서유럽에 국한된 사건과는 거리가 멀었다. 철의 장막이 내려가고 예전 동구권 국가들의 문서고가 개방된 이래, 헝가리와 보헤미아, 발트 3국, 폴란드에서 지난날의 종교적 소요가 어느 정도였는지 더 분명하게 밝혀졌다. 16세기에는 폴란드가 장차 가톨릭교의 아성이 되리라는 것이 결코 확실하지 않았다. 그리고 폴란드에서 가톨릭 종교개혁이 착착 진행된 시점과 거의 같은 시점에 21세기 로마 가톨릭교의 또다른 보루―필리핀―의 토대가 놓였다. 두 세기 동안 유럽에서 들끓은 종교개혁이 유럽 너머로 팽창한 최초의 유의미한 사례였다. 필리핀과 유럽의 연계는 어느 정도는 우연의 소산이었고, 어느 정도는 그렇지 않았다. 아메리카 '신세계'가 발견되고 아시아의 유구한 문명들과 유럽인의 접촉이 심화됨에 따라 복음을 전파할 생각지도 못한 기회가 열렸다. 유럽 심장부에서 통일성에 금이 가고 있던 바로 그 순간에 기독교는 제 역사상 처음으로 진정한 세계 종교가 될 수 있었다. 유럽 내 분쟁은 그 과정을 재촉했고, 결국 종교적 분열이 세계 전역으로 수출되어 근대 세계에서 심대한 결과를 불러왔다.

이 모든 사실은 간혹 학교와 대학에서 가르치는 방식과 달리, 종교개혁이 '종교'사에 국한되지 않는 그 이상의 사건이었음을 보여준다. 그렇다 해도 종교개혁을 역사에서 무엇이 원인이고 무엇이 결과인지 정리하는 연습문제로 삼아서는 안 된다. 전통적인 교회사가들은 이념의 우위, 즉 현실을 변혁하는 새로운 신학과 세계관의 힘을 역설한다. 이와 반대로 마르크스주의자들과 유행을 타는 사회학·문학 이론의 수용자들은 본능적으로 '해체'하고자 하고, 종교적 원칙이나 의례 형식 이면에 놓인 '실질적인' 정치적 동기, 계급에 기반한 동기, 경제적 동기 등을 분별해내려 한다. 그렇지만 종교적인 것과 세속적인 것을 엄격히 구별하면서 시작하는 모든 접근법—근본적으로 근대적인 접근법—은 우리에게 별반 도움이 되지 않을 공산이 크다. 16세기와 17세기에 대다수 사람들의 일상생활은 대단히 신성화되었고, 종교는 철저히 세속화되었다. 그렇기에 '사회적'·'정치적'·'경제적' 행위와 동기에서 '종교'를 말끔히 분리해내기란 불가능하진 않더라도 극히 어려운 일이다. 기실 종교개혁이 역사에서 중대한 변혁적 계기였던 까닭은 이 모든 범주들이 상호작용했기 때문이다.

앞서 제기했던 의문을 다시 따져보자. 종교개혁이 서로 맞물린 복수 개혁들이었다면, 두 세기에 걸쳐 유럽과 더 넓은 세계에서 이루어진 정치적·사회적·종교적 상호작용의 총합이었다면, '단수 종교개혁' 개념은 과연 유효한가? 이 명칭은 단순히 역사의 한 시대 전체를 편리하게 뒤덮는 담요로, '근대 초기'라는 더욱 엉성한 역사적 덮개의 대안으로 쓰여온 것은 아닐까? 이 책은 단순하지만 중요한 이유로 그 개념의 유용성을 옹호한다. '단수 종교개혁'은 한 시대 그리고 유럽 문화의 심장부에서 핵심 원리—분열과 분쟁을 통한 정체성 형성—가 정립되어간 기간과 과정을 다 가리킨다. 이 시대에 삶의 무수한 측면에서 종교적 차이의 표지들이 갑자기 나타났다. 여기서는 중요한 사례 하나만 들어도 충분할 것이다. 1582년, 교황 그레고리우스 13세는 최신 학문의 성과에 의지해 로마 시대부터 쓰여온 오래된 율리우스력(曆)을 개혁한다고 공포했다. 기존 역법에 따르면 1년이 실제보다 조금 길어진다는 문제가 있었다. 가톨릭권 유럽은 '그레고리'력을 신속히 채택했지만, 새 역법을 미심쩍어한 신교 국가들은 대부분 1700년 무렵에야 율리우스력을 포기했고, 영국과 스웨덴은 1750년대까지 율리우스력을 고수했다. 종교개혁이 시간 자체를 정치화했던 것이다.

제 1 장

종교개혁들

독일의 사건

사건은 1505년 여름 폭풍우 속에서 시작되었다. 독일 작센 공국의 도시 에르푸르트 인근 길에서 폭우를 만난 청년 법학도는 맹렬히 내리치는 벼락에 목숨을 잃을까 두려웠다. 그는 동정녀 마리아의 어머니 성 안나에게 거래를 제안했다. 목숨을 구해주시면 수도사가 되겠노라고. 2주 후, 그는 가장 엄격한 교단 중 하나인 아우구스티누스 수도회의 에르푸르트 분원의 문을 두드렸다.

마르틴 루터가 수십 년 후에 말한 이 본인 이야기는 실상과 달랐을지도 모른다. 그러나 중세의 신실한 성인 공경, 한데 묶어 추구하는 물질적 구원과 영적 구원, 독일의 환경 등 이 이야기와 연관된 것들은 모두 중요하다. 종교개혁이 왜 독일에서 시작되었냐고 묻는 것은 공산주의 혁명이 왜 러시아에서 시작되었냐고, 혹은 전화가 왜 미국에서 발명되었냐고 묻는 것과 얼추 비슷하다. 거기서 발생한 이유는 거기서 발생했기 때문이다. 독일에는 일부 중요한 '전제조건들'이 없었던 것으로 보인다. 후스파의 보헤미아, 롤러드파로 얼룩진 잉글랜드와 달리 독일은 1500년 무렵 수십 년간 이단이 별로 없는 구역이었고, 교회의 권위에 대항하는 공식적인 도전도 거의 없었다. 독일의 독특한 점은 정치 구조에 있었다. 프랑스, 잉글랜드, 에스파냐에서 출현한 전국 단위 군주국들과 달리, 독일은 정치적으로 쪼개져 있었다. 거창하게 신성로마 황제라 불리는 군주의 명목상 종주권 아래 작은 공국들, 교회령들, 자치도시들이 조각보를 이루는 형국이었다. 선출직인 황제는 (대주교 3명을 포함해) '선제후(選帝侯)' 7명이 선출했다. 루터가 수도회에 입회한 시기에 황위는 합스부르크 왕조 차지였고 황제는 막시밀리안 1세였다. 제국 업무는 선제후들, 제후들, 도시 대표들이 모두 참석하는 제국의회(Reichstag) 또는 황제령 '의회(diet)'를 소집하여 처리했다. 그들은 기회를 잡아 각자의 고충을, 대개 교회를 개혁해야 할 필요성을 진술했다.

독일인은 정치적 열세를 열렬한 문화적·언어적 민족주의로 보완했다. 인문주의(humanism, 근대의 세속적 휴머니즘secular humanism과 혼동하지 말 것)라고 알려진, 고대의 학식을 되살

리려는 학자들의 국제적 운동에는 독일 분파가 있었다. 그 분파는 로마 역사가 타키투스(Publius Cornelius Tacitus)의 저술에서 자유롭고 활기찬 게르만족에 관한 기술을 발견하여 자신들이 게르만족에 속한다는 당대의 의식을 분명하게 드러냈다. 독일 민족주의의 고약한 면은 격렬한 이탈리아 혐오증이었다. 독일인에게 알프스 산맥 너머는 도덕적·문화적 타락의 근원이었다. 게다가 예외를 한 명 빼면 15세기와 16세기에 교황들은 이탈리아인 일색이었다. 이런 편견에는 정치적 맥락이 있었다. 독일은 이탈리아를 제외한 서유럽에서 교회의 '군주정' 통치를 지시하려는 교황의 열망을 실현할 가능성이 아직 얼마간 남아 있는 중요한 지역이었다. 프랑스, 에스파냐, 잉글랜드의 왕은 로마의 공손한 아들들이었다. 그러나 그들은 이를테면 주교 임명권을 확보하고 그 권한을 이용해 충직한 부하에게 보상을 하는 등 자기 영토의 교회를 조용한 방식으로 국유화했다. 독일에 중앙집권적 통제력이 공백이었다는 사실은 독일에서 교황들이 교회 직위를 임명하는 힘, 그리고 제후-주교들을 통해 서민층에게서 세금을 거두어들이는 힘(언제나 울분의 비옥한 원천이었다)이 더 강했음을 뜻한다. 반성직자주의―성직자가 누린 정치권력에 대한 반감―와 교회의 가르침에 대한 거부가 동일한 것은 아니다. 모든 증거는 16세기 초에 독일이 경건한 정통 가톨릭 사회였음을 가리킨다. 그러나 독일은 민족적·반교권적 분개로 가득했고, 그 분개는 루터의 목소리로 표출되었다.

루터의 소임

1517년 10월 31일, 루터는 작센의 수도 비텐베르크의 성 근처에 자리한 교회의 문에 반박 조항들을 길게 열거한 문서—95개 논제—를 붙였다. 장차 역사에서 커다란 반향을 일으킬 순간, 프로테스탄트 종교개혁이 태어나고 중세가 급사한 날이었다. 그렇지만 실상은 생각보다 무미건조했다. 일부 학자들은 95개 논제를 붙였다는 것마저 부인해왔다. 반박문을 게시한 것은 진실일 가능성이 커 보이지만, 경천동지할 행위는 결코 아니었다. 당시 루터는 얼마 전에 설립된 비텐베르크 대학의 교수였고, 신학부 내에서 학구적 논쟁을 시작하는 관례적인 방법은 사전에 논제를 게시하는 것이었다. 접근하기 편한 위치에 있었던 까닭에 성채 교회(Castle Church)의 문은 비텐베르크 대학의 게시판 역할을 했으며, 루터의 행위는 오늘날 대학에서 강의 목록을 공지하는 행위보다 별반 극적일 것이 없었다. 95개 논제 자체는 딱히 혁명적이지 않았다. 교황의 권위를 부인하거나 새로운 교회 창설을 요청하지 않았고, 신학에서 그리 대수롭지 않은 모호한 문제를 제기했다. 1517

1. 마르틴 루터의 초상. 루카스 크라나흐(Lucas Cranach)의 1520년 작품. 마르틴 루터는 여전히 영락없는 가톨릭 수사로 묘사되었다.

년에는 교회를 개혁하려는 청사진도, 예측 가능한 결과도 없었다. 루터의 완고함과 감히 생각할 수 없는 것을 생각하고야 마는 의지가 당대의 정치적 상황과 맞물린 결과, 감당 못할 방향으로 사태가 흘러갔다.

본래 쟁점은 면죄부였다. 면죄부는 죄와 속죄에 관한 교리의 부산물이었다. 사제는 죄를 고백하는 신자에게 하느님의 용서를 보장했지만, 중세의 법률적 사고방식에 따르면 그렇게 해도 죗값으로 갚아야 할 '빚'이 남았다. 이 빚의 일부는 현세에 속죄를 실행하여 갚을 수 있었다. 나머지 빚은 연옥—내세에 정말로 사악한 영혼과 과하게 성스러운 영혼을 뺀 모든 영혼이 빚을 다 털어내고 정화되어 천국 입장을 허락받기 전까지 한동안 고통받는 곳—에서 갚아야 했다. 면죄부는 선행을 하거나(본래 면죄부는 십자군 참여를 유도하기 위한 방책으로 고안되었다) 대의를 위해 돈을 내는 대가로 연옥에서 받아야 할 처벌 일부를 면해준다는 증서였다. 교황은 지상 교회의 수장으로서 성인들의 '과잉' 선행에 의지해 면죄부를 승인할 수 있었다. 면죄부 제도는 일관된 논리를 갖추고 있었으나 남용될 여지가 있었고, 루터가 비판하기 한참 전부터 일부 사상가들, 특히 인문주의자들의 비판을 받았다. 그중에서도 1515년 발행된 교황 면죄부는 도덕론자와 개혁가의 눈에 심히 미심쩍어 보였다. 교황 면죄부는 고품격 프로젝트를 위해, 즉 로마에 르네상스풍 성 베드로 성당을 신축하는 데 드는 경비를 조달하기 위해 고안되었다. 독일에서 그 면죄부의 판매를 담당한 이는 세속적인 제후-주교들 가운데 최악질 축에 드는 브란덴부르크의 알브레히트였다. 그는 판매 수익금에서 일정 몫을 취하여 일전에 마인츠 대주교직을 구매하느라 은행가들에게 진 빚을 갚을 속셈이었다. 면죄부 판매에 앞장선 사람은 도미니크회 수사 요한 테첼(Johan Tetzel)이었는데, "금고에 동전이 짤랑하고 떨어지자마자 영혼이 연옥에서 천국으로 튀어오른다네"라는 광고용 노랫가락을 활용하는 등 효과적이되 상스럽고 물질주의적인 방식으로 업무를 처리했다. 루터는 테첼의 방법과 참된 회개의 필요성을 전혀 이해하지 못하는 듯한 대중의 반응에 아연실색했다. 면죄부를 둘러싸고 도미니크회와 아우구스티누스회가 반목하기도 했다. 교황 레오 10세는 두 수도회가 논쟁한다는 소식을 처음 듣고는 대수롭지 않은 "수사들 간의 다툼"으로 치부했다.

그동안 루터는 중대한 결론에 조금씩 다가가고 있었다. 교회와 교황이 면죄부와 같은 명백한 권한 남용을 개혁할 능력이나 의지가 없다면, 권위와 신학의 전체 구조가 어딘가 잘못되었음이 틀림없다는 결론이었다. 이미 루터는 수년간 하느님이 보시는 '공로'를 쌓기 위한 정교한 의례 절차에 대한 의구심을 키워오다가 구원에는 신앙 하나만으로 충분하다는 견해에 도달한 터였다. 루터의 '급진화'는 1519년 라이프치히에서 명석한 정통파 논적 요한 에크(Johan Eck)와 논쟁하는 가운데 훤히 드러났다. 그전까지만 해도 루터는 관례에 따라 교황에 맞서 공의회의 권위에 호소했다. 그러나 에크가 루터를 얀 후스에 빗대며 몰아붙이자 루터는 그 보헤미아 이단자는 콘스탄츠 공의회에 의해 부당한 판결을 받았고 교황과 마찬가지로 공의회도 신앙 문제에서 오류를 범할 수 있다고 선언했다. 이로써 루터에게 오류가 없는 종교적 권위의 원천은 성서밖에 남지 않게 되었다. 라이프치히 논쟁 이후로 루터에게 후퇴란 없었다. 1520년 레오 10세에 의해 파문을 당하자 루터는 비텐베르크에서 교황의 파문 교서를 공개적으로 불태우는 특유의 방식으로 대응했다. 또한 루터는 일련의 팸플릿을 발행하여 교회의 '바빌론 유수'를 규탄하고, 교회법에 순종할 필요성을 부인하고, 성사(聖事)의 수를 7개에서 3개로 줄이고, 황제와 독일 귀족에게 교회 개혁에 동참하라고 요청했다.

이따금 권위주의적 조직으로 비친 교회가 루터를 더 일찍, 그가 막대한 피해를 입히기 전에 내리누르지 않은 이유는 무엇일까? 그 답은 독일 정치 및 국제 정치와 뒤얽혀 있다. 1519년 1월 황제 막시밀리안 1세가 사망했다. 확실한 계승자는 그의 손자 카를이었다. 그런데 합스부르크 왕조에 행운이 연이은 덕에 카를은 중부 유럽의 오래된 합스부르크령에 더해 네

딜란드와 에스파냐 왕국의 부유한 영토까지 물려받게 되었다. 황제 칭호에 전례없이 강력한 위상이 덧씌워질 예정이었고, 그런 결과를 막으려는 사람이 교황 하나만은 아니었다. 한동 안 선제후 7인은 막대한 영향력을 누렸다. 그들 중 한 명이 루터가 속한 영토의 군주인 작센의 선제후 프리드리히 '현명공' 이었다. 프리드리히는 종교에 관한 한 철저히 구식이었으나 자신이 설립한 대학과 그곳의 새로운 슈퍼스타 교수를 무척이나 자랑스러워했고, 그런 이유로 적들로부터 마르틴 루터를 보호했다. (뇌물을 더 많이 줄 수 있었던) 카를은 순리대로 황제로 선출된 뒤 안전 통행증을 주고서 루터를 보름스 제국의회로 소환했다. 루터는 자신의 오류를 철회하기를 거부하고 "여기 내가 섰습니다. 나는 다른 어떤 것도 할 수 없습니다"—개인의 자유와 근대성의 진정한 표어—라고 선포했다. 사실 이 말은 루터의 실제 발언을 훗날 윤색한 것일지 모른다. 루터의 발언은 "나의 양심은 신의 말씀에 사로잡혀" 있기에 아무것도 철회하지 않겠다는 선언이었는데, 근대인들에게는 덜 끌리는 표어였을 것이다. 보름스 청문회의 여파로 프리드리히는 루터를 바르트부르크 성으로 빼돌렸고, 세상과 차단된 그곳에서 루터는 근 1년간 신약성서를 호소력 강하고 자연스러운 독일어로 번역했다.

이렇게 고생하는 와중에 루터는 유명인사, 독일의 국민 영웅이 되었다. 인문주의자들은 루터를 자기네 일원으로 (잘못) 판단하고서 그가 학구적 신학의 난잡한 '궤변'을 날려버렸다며 환호했다. 도시 주민과 시골 농민은 공히 루터를 교회 대리인들의 법률적·경제적 억압에 저항하는 아이콘으로 보았다. 또한 루터는 1520년대 초에 불티나게 팔리는 베스트셀러의 저자, 당대의 J. K. 롤링(또는 어쩌면 리처드 도킨스)이 되었다. 위클리프나 후스의 저술과 달리, 루터의 책과 팸플릿은 인쇄되었다. 루터의 항거와 인쇄기라는 신기술이 동시에 출현한 것은 훗날 16세기 신교도들에게 진정한 신의 섭리로 보였다. 그렇지만 인쇄는 사실 그리 새로운 것이 아니었다. 루터가 태어나기 거의 30년 전에 구텐베르크가 마인츠에서 라틴어 성서를 인쇄했고, 유럽 여러 도시에 인쇄업이 확실히 자리잡고 있었다(인쇄물의 가장 큰 범주는 가톨릭 신앙서적이었다). 그러나 루터의 저술이 폭발적으로 인쇄된 것, 루터가 그저 지식이나 교훈이 아니라 의견을 전달하기 위해 인쇄된 책을 활용한 것은 출판물의 역사에서 중대한 전환점이었다. 이와 관련해서도 독일 사회의 분열상이 도움이 되었다. 다른 곳에서 인쇄는 소수의 소도시와 도시에 집중되곤 했다(잉글랜드에서는 거의 모든 책이 런던에서 제작되었다). 이와 달리 독일에서는 인쇄기가 제국의 도심지 여러 곳에 넓게 흩어져 있었던 까닭에 중앙당국이 통제하기가 더 어려웠다.

츠빙글리와 급진주의의 시작

로마에 항거하는 것이 루터만의 소임은 아니었다. 루터는 어떠한 구체적인 의미에서도 개혁 운동의 지도자가 아니었다. 루터는 선지자였고, 종교개혁은 초기부터 서로 별개인 복수 종교개혁들을 포함했다. 스위스 도시 취리히에서 일어난 사태는 이 점이 옳음을 입증한다. 이곳에서 중심인물은 취리히 대성당의 상주 설교사였던 홀드리히 츠빙글리(Huldrych Zwingli, 1484~1531)로, 본인 말에 따르면 "우리 지역에서 누군가 루터 소식을 듣기 한참 전인 1516년에 그리스도의 복음을 설교하기 시작했다". 츠빙글리는 인문주의 배경이 더 탄탄했고 유럽의 주요 기독교 인문주의자로서 교회 내 몽매주의를 매섭게 비판한 데시데리위스 에라스뮈스(Desiderius Erasmus)의 저술을 숙지하고 있었다는 점에서 루터와 달랐다. 이 차이점은 루터의 신학과 츠빙글리의 신학이 상이한 방향으로 나아가는 데 중요하게 작용했다. 권위 문제와 관련하여 츠빙글리는 루터와 비슷한 입장에 도달했다. 다시 말해 진리의 유일한 토대는 성서였고, 교황과 공의회의 권력은 허상이었다. 츠빙글리에게 '95개 논제'와 같은 순간은 1522년 사순절에 찾아왔다. 이때 그는 부활절 준비 기간에 육식을 삼가는 교회 규칙을 보란듯이 위반하는 소시지 식사를 주재했다. 그런 사안에서 기독교인의 '자유'는 루터의 가르침과 마찬가지로 츠빙글리의 가르침에서도 중심 뼈대였고, 의심할 나위 없이 대중에게 호소하는 중요한 요소였다. 소시지 사건의 여파 속에서 취리히 시의회는 지역 주교에 맞서 츠빙글리를 편들었고, 그에게 (사전에 조작된) 공개 논쟁에서 자기 견해를 변론할 기회를 주었다. 1524년, 취리히 교회들에서 종교 이미지가 제거되고 단식과 성직자 독신이 폐지되었다. 1525년, 라틴식 미사가 현지식 성만찬으로 대체되었다. 1520년대에 작은 루터들과 작은 츠빙글리들이 속속 등장해 설교단에서 개혁을 요구하는 한편 대중의 분위기를 감지한 도시 관리들이 그들의 요구를 인정함에 따라 이런 '도시 종교개혁' 패턴이 독일과 스위스 대부분에서 되풀이되었다. 다만 스위스에서 변화의 속도가 대체로 더 빨랐다. 예를 들어 독일의 중요한 도시 아우크스부르크와 뉘른베르크는 분명 1530년대 초까지 루터주의를 선택하지 않았다.

취리히에서는 변화가 빠르게 일어났지만, 일부 사람들은 충분히 빠르지 않다고 생각했다. 인문주의자 콘라트 그레벨(Konrad Grebel)을 주축으로 하는 집단은 츠빙글리가 성인(聖人) 조각상을 너무 굼뜨게 제거한다고 여겼고, 1523년 그와 결정적으로 갈라섰다. "행정관을 기다리지 않는다"라는 표어를 내세운 그들은 종교개혁을 공무로서 질서정연하게 실행하려던 모든 이들과 반목했다. 그들은 전통을 맹공격하고 성서의 위상을 격상하는 활동의 일환으로 사람들에게 성서를 직접 읽을 것을 장려했지만, 사람들이 성서에서 이끌어낸 교훈이 언제나 주요 설교사들의 승인을 받았던 것은 아니다. 그레벨은 성서 어디에도 유아에게 세례를 준다는 구절이 없음을 알아채고서 자기 집단의 성인들에게 다시 세례를 주기 시작했다. 훗날 취리히에서 츠빙글리의 후계자 하인리히 불링거(Heinrich Bullinger)는 그들을 가리키는 '재세례파'라는 용어를 만들었는데, 가톨릭교와 신교 공히 종교개혁 스펙트럼에서 급진적인 극단에 위치한 사람들 모두에게 이 이름표를 갖다붙였다. 그동안 루터는 조만간 자신이 열광자(Schwärmer)라 부르기 시작할 사람들 때문에 골치를 썩이고 있었다. 루터가 바르트부르크 성에 은신하느라 자리를 비운 1521~1522년에 그의 동료 안드레아스 폰 카를슈타트(Andreas von Karlstadt)는 비텐베르크에서 변화의 속도를 올리기로 결심하고서 교회에서 이미지를 제거하고 미사를 독일어로 올렸다. 루터는 변화의 목표에는 찬성했으나 진행 방식에는 찬성하지 않았고, 비텐베르크로 돌아온 뒤 그간의 변화를 되돌렸다. 카를슈타트는 루터를 가장 신랄하게 비판하는 이들 중 하나가 되어 점진적인 접근법을 어린아이가 날카로운 칼을 가지고 놀도록 내버려두는 꼴에 비유했다. 루터는 카를슈타트가 성령을 "깃털까지 모조리" 삼켰다고 쏘아붙였다. 비텐베르크에 도착한 '츠비카우 선지자들' 역시 성령을 삼킬 가능성〔성령으로부터 직접 계시를 받을 가능성〕을 표명했다. 작센의 직물 도시 츠비카우에서 쫓겨난 이 직공 3인조는 신으로부터 직접 받는 영감과 세상의 임박한 종말을 주장했다. 비텐베르크로 향하기에 앞서 츠비카우에서 그들에게 영향을 끼친 이는 토마스 뮌처(Thomas Müntzer)였다. 또 한 명의 투사인 뮌처는 일찌감치 루터를 될성부르지 않은 떡잎으로 여겼고, 사적 계시라는 '내면세계'가 성서의 '죽은 문자'를 능가한다고 생각했다.

민중의 개혁과 농민 전쟁

바람이라는 씨를 뿌린 루터는 장차 회오리바람을 거두어들일 터였다. 적어도 루터의 가톨릭 적수들은 보편 교회의 유서 깊은 가르침과 전통으로부터 이탈하는 언동은 무질서와 반란으로 귀결되기 마련이라고 주장했다. 1520년대 중반의 사태는 그들 주장에 일리가 있음을 보여주었다. 루터는 사회 혁명가가 아니었다. 루터가 말하는 '자유'는 정신에 부담이 되는 중세 후기 가톨릭교의 규칙과 의례로부터 기독교인의 양심을 해방시키겠다는 뜻이었지 사회를 구조화하는 정치적·경제적 속박을 재협상하겠다는 뜻이 아니었다. 그러나 설교자의 입에서 나오는 말과 청중의 귀에 들어가는 말이 반드시 같지는 않은 법이다. 루터가 오해를 받았다기보다는 독일 사회의 다양한 집단들이 그의 가르침 가운데 각자에게 타당한 것을 선택하여 기존의 고충과 야망에 적용했을 것이다. 뤼베크를 비롯한 몇몇 도시에서 루터주의는 이전까지 부유한 상류층의 통치에서 배제되었던 중류층 길드 조합원들이 채택한 도시 쿠데타 이데올로기가 되었다. 종교개혁에 쓰인 인기 선전물—브로드시트와 목판화—에 관한 연구는 루터의 더 복잡한 신학 사상을 이해시키려던 진지한 시도가 대개 가톨릭 성직자와 교계제(敎階制)를 폭넓게 겨냥한 풍자 공격을 위해 희생되었음을 보여준다. 이를테면 수도승과 수사는 게걸스러운 늑대로, 교황은 흉포한 용으로 묘사되었다.

초기 종교개혁은 간혹 '도시 사건'으로 기술되지만, 개혁가들의 가르침은 시골의 농민층(인구의 절대다수) 사이에서 사회적·경제적 열망이라는 의제에 맞추어 가장 분명하게 변경되었다. 농민층은 수십 년간 공유지를 전유하고 농노제의 부담을 가중시킬 방도를 모색한 지주층(평신도 귀족과 부유한 수도원)에게 오래전부터 불만을 품어오고 있었다. 15세기 후반과 16세기 초반에도 봉기가 산발하긴 했으나 1524~1525년의 봉기는 규모와 공조 면에서 전례가 없는 반란으로서 이른바 '보통 사람의 혁명'이라 불려왔다. 독일 남서부 '검은 숲' 지역(슈바르츠발트Schwarzwald)에서 시작된 봉기는 북부와 동부로 번졌고, 더 멀리 스위스와 오스트리아에서도 대규모 봉기가 뒤따랐다. 반란자들은 '복음'의 이름으로 귀족의 성을 허물고 수도원을 약탈했다. 또한 반란 연합군이 채택한 12개 조항에 따르면 "그리스도께서 보혈(寶血)을 흘리시어…… 우리 모두를 구하시고 대속하시었다"는 이유를 들어 농노제 폐지를 요구했다. 그간 농민 전쟁과 종교개혁의 관계에 대해 숱한 논쟁이 있었다. 그 관계가 가장 분명하게 드러난 곳은 튀링겐으로, 이곳에서 급진적 설교사 토마스 뮌처는 자신이 세계의 종말과 그리스도의 재림을 개시하고 있다고 믿으며 직접 농민 무리를 이끌었다. 마르크스주의 역사가들—독일 재통일 이전에 반란은 동독 학계의 전문 분야였다—은 농민 전쟁을 근본적으로 세속적인 사건으로, 즉 스스로를 정당화하는 다른 언어를 구사할 줄 몰랐던 농민들이 종교적 언어로 경제적 열망을 표출한 사건으로 보았다. 루터는 자신의 신학이 혁명 이데올로기로 탈바꿈하는 광경에 경악했고, 1525년 5월 제후들에게 "약탈과 살인을 저지르는 농민 무리"를 죄책감 없이 살육할 것을 촉구하는 팸플릿을 발행하여 자신에게 불똥이 튀지 않게 막았다. 구태여 제후들을 부추길 필요는 없었다. 농민 반란은 아주 잔혹하게 진압되었고, 뮌처는 고문을 당하고 참수형에 처해졌다.

독일 정치와 제후들의 종교개혁

농민 전쟁은 개혁에서, 그리고 독일에서 전환점이 되었다. 1525년 전까지 종교개혁은 기독교 사회를 재구축하기를 열망하는 민중의 무질서한 마구잡이식 운동이었다. 초기 팸플릿들에 등장한 주요 인물인 카르스탄스(Karsthans)는 자신만만한 루터파 농민으로서 사제들과 대학 교수들을 논파한다. 1525년 이후 종교개혁은 '길들여졌고', 개혁은 점잖아졌으며, 카르스탄스는 사라졌다. 루터주의와 사회적 급진주의가 분리되자 당시 지지자들이 '복음주의'라 부르던 신앙을 제후들이 채택할 길이 열렸다. 첫 주자인 호엔촐레른 가문의 알브레히트는 13세기에 발트 지역 이교도들을 물리치기 위해 설립된 십자군 교단인 튜턴 기사단의 성직자 단장이었다. 1525년경 알브레히트는 교단의 땅을 세속화했고, 결혼하기로 결정했으며, 프로이센 공작으로 변모했다. 엇비슷한 시기에 헤센의 필리프가 신교를 채택했고, 작센의 선제후 프리드리히 현명공의 후계자인 요한 '부동공(不動公)'도 동참했다. 제후들의 개종은 1520년대에는 미미한 수준이었으나 그다음 10년간 가속이 붙어 북유럽 태반이 공식 루터파가 되었다. 강력한 브란덴부르크 선제후는 1539년에, 팔츠 선제후는 1546년에 신교 진영에 가담했다.

그동안 공식 종교개혁이 독일과 스위스 밖에서, 그중에서도 스칸디나비아 왕국들에서 일어나기 시작했다. 덴마크 내전에서 승리한 이후 크리스티안 3세는 1536년 루터파 국가를 수립했다. 이듬해 그는 덴마크에 종속된 노르웨이 왕국에 루터주의를 강요했다. 다만 노르웨이 사람들이 변화를 받아들이기까지 한 세대 이상 걸렸다. 스웨덴 왕 구스타브 바사는 1527년 스웨덴 교회가 로마로부터 독립한다고 기민하게 선언했다. 그렇지만 구스타브 바사 개인은 루터의 새로운 신학에 크게 열광하지 않았으며, 스웨덴은 굼벵이 기어가듯 개혁을 느릿느릿 도입하다가 마침내 1593년에야 루터주의를 국교로 명확하게 선언했다. 유럽 주변부의 다른 왕국 잉글랜드의 사정도 얼마간 비슷했다. 헨리 8세는 마르틴 루터를 달가워하지 않았고, 루터도 피차일반이었다. 루터는 정당하게 구성된 권위를 존중하면서도 1521년에 헨리가 교황을 편드는 책을 쓰자 그를 "가증스럽고 부패한 버러지"라고 부르는 등 잉글랜드 국왕에게 대놓고 무례하게 굴었다. 헨리가 나름대로 종교를 받아들인 뒤에도 루터는 견해를 바꾸지 않았다. 예컨대 헨리가 여섯번째 결혼을 하자 루터는 "해리(Harry) 나리는 신이 되려 하고, 마음 내키는 대로 행동한다"라며 탄식했다. 혼사는 헨리의 잉글랜드 종교개혁의 도화선이 되었다. 헨리는 후계자를 얻지 못한 아라곤의 캐서린과의 결혼을 무효로 해줄 것을 교황에게 요청했고, 교황이 거절하자 반기를 들고 1534년 자신이 잉글랜드 교회의 '수장'이라고 선언했다. 헨리 본인은 복음주의자가 아니면서도(그렇지만 대주교 토머스 크랜머Thomas Cranmer 같은 몇몇 중요한 고문들은 확실히 복음주의자였다) 수도원 해체 같은 급진적 조치를 정당화하기 위해 '신의 말씀' 수사법을 기꺼이 구사했다. 농민층뿐 아니라 왕들도 종교개혁 사상이라는 메뉴판에서 각자 원하는 것을 선택할 수 있었다.

독일 안에는 종교개혁의 추가 확산을 가로막는 커다란 정치적 장애물이 있었다. 바로 신성로마 황제 카를 5세였다. 카를은 적들로부터 가톨릭권을 지키는 최고 수호자임을 자임했다. 문제는 적들이 사방에서 쳐들어온다는 것이었다. 지중해 서부에서는 북아프리카 해적들이 출몰했고, 동부에서는 명석하고 카리스마 있는 술탄 쉴레이만 '대제' 휘하의 오스만 제국 병력이 가차없이 진격해왔다. 팽창주의 이슬람에 직면한 독일 국내에서는 타협이 분별 있는 선택지로 보였으며, 농민 전쟁이 촉발한 무정부 상태보다 이단자들의 안정된 통치를 선호한 독일 가톨릭 제후들은 그런 견해를 공유했다. 1526년 슈파이어 제국의회는 (공의회를 소집해 문제를 해결하기 전까지) 제후의 영토와 자치도시가 종교 사안을 원하는 대로 자유롭게 규제한다는 칙령을 발표했다. 이로써 루터와 그의 저술, 그를 지지한 모든 이들을 규탄했던 1521년의 보름스 칙령은 사실상 효력이 중지되었다. 그러나 사방에 강한 불신이 남아 있었으며, 1529년 제2차 슈파이어 제국의회는 보름스 칙령을 원상 복구했다. 그러자 여섯 제후들과 14개 자유시 대표들이 제국 의회의 결정에 반대하는 '항의서(protestation)'에 서명했다. 그들의 행동으로 새로운 고유명사 '프로테스탄트'와 새로운 정치적 정체성이 생겨났다.

프로테스탄트들은 신성로마 제국의 반격을 우려해 단결했다. 헤센의 필리프와 작센의 요한의 주도로 그들은 1531년 튀링겐의 도시 슈말칼덴에서 방위 동맹을 체결했다. 이 동맹은 1530년에 루터의 연하 협력자인 필리프 멜란히톤(Philip Melanchthon)이 루터주의의 핵심 교리를 기술한 문서인 아우크스부르크 신앙고백을 정치적으로 보완하는 방책이었다. 이제 '프로테스탄트들'은 하나의 이름을 공유하게 되었으나 그들 모두가 하나의 교의를 공유했던 것은 아니다. 츠빙글리와 스위스 도시들은 루터주의의 신학에, 특히 성찬식에 대한 해석에 심각한 의문을 품고서 아우크스부르크 신앙고백을 채택하지 않았다. 1530년대에 독일 남부에서 대다수 도시들은 루터파 세력권에 합류했지만, 몇몇 도시들은 슈트라스부르크의 개혁가 마르틴 부처(Martin Bucer)가 따로 내놓은 '신앙고백'에 동참했다. 그다음 10년간 독일 루터주의는 때 이르게 최후를 맞을 뻔했다. 1546년, 루터주의의 창시자가 숨을 거둔 해에 카를 5세와 슈말칼덴 동맹 사이에 전쟁이 발발했다. 카를은 1547년 봄에 뮐베르크에서 완승을 거두어 협약을 강요할 수 있었다. 이듬해 아우크스부르크 잠정협약(Interim)은 신교의 감성에 몇 가지 양보를 했다. 성직자의 결혼을 허용했고, 성찬식에서 평신도에게 빵과 포도주를 둘 다 주는 것을 용인했다. 그러나 그 외에는 루터파 국가들과 '개혁파' 도시들에서 전통적인 교리와 규율을 고집했다. 그러자 절조 있는 이들이 특히 독일 남부에서 다른 곳으로 망명을 떠나기 시작했다. 종교개혁기에 수차례 일어난 종교적 이주의 물결 중 첫번째였다. 부처를 비롯해 일부 망명자들은 결국 잉글랜드에 당도했다. 당시 헨리 8세의 후계자인 소년왕 에드워드 6세가 명목상 우두머리였던 잉글랜드는 강경한 신교 체제로서 1940년 처칠 정부와 마찬가지로 유럽의 참주정에 홀로 대적하고 있다고 생각했다.

자만은 몰락을 부르는 법이다. 카를의 압승에 불안해진 독일 가톨릭 제후들은 자칫 자율성을 잃을까 두려워 가톨릭 군사 동맹에서 발을 뺐다. 몇몇 신교 국가들은 1552년 공세를 재개했고, 프랑스의 가톨릭 국왕 앙리 2세는 이간책을 구사할 기회를 엿보고서 그들을 지원했다. 카를은 다시 협상 테이블에 앉을 수밖에 없었다. 그렇지만 이 무렵 삶에 환멸을 느낀 카를은 협상 소임을 동생 페르디난트에게 넘기고는 이내 에스파냐의 한적한 수도원으로 은퇴해버렸다. 1555년 아우크스부르크 종교화의에서 결의된 사항들은 보통 라틴어 어구 '쿠이우스 레기오, 에이우스 렐리기오(cuius regio, eius religio, 그의 영토에 그의 종교)'〔통치자가 자기 영토의 종교를 결정할 권리를 가진다는 뜻〕로 요약된다. 제국 내 제후들은 원하는 대로 가톨릭교를 유지하든지 아우크스부르크 신앙고백을 채택할 수 있었다. 도시들은 가톨릭 예배 또한 허용한다는 조건으로 루터주의를 공언할 수 있었다. 이렇게 해서 종교 분열이 인정되고 제도화되었고, 종교개혁이 독일에서 살아남았다. 그러나 루터주의는 위기를 겪으며 깊은 내상을 입은 상태였다. 멜란히톤은 아우크스부르크 잠정협약에 동의하려 했거니와 '개혁파' 신교의 일부 측면에 동조하는 태도까지 보인 까닭에 자칭 루터 유산 수호자들의 반감을 샀다. '필리프파'〔멜란히톤파〕와 '정통(Gnesio)' 루터파의 다툼은 결국 1577년 협화신조로 해소되었지만, 그 무렵 마르틴 루터의 긴박한 개혁주의는 신학적 올바름에 집착하는 융통성 없는 교리 체계로 경직되고 있었다. 루터주의는 더이상 종교적 개혁의 고동치는 심장이 아니었고, 루터파가 옥신각신하는 사이 종교개혁은 제2의 탄생을 겪었다.

칼뱅, 제네바, 제2종교개혁

그 탄생지는 예상 밖의 장소였다. 바로 스위스 연방 서쪽 가장자리에 위치한 특별할 것 없는 도시 제네바였다(당시 인구 1만여 명). 다른 수많은 작은 도시국가들처럼 제네바는 1530년대 초에 종교개혁에 동참했고, 규모가 더 큰 신교권 이웃 도시 베른과 망명한 프랑스 설교사 기욤 파렐(Guillaume Farel)의 도움을 받아 현지 가톨릭 주교를 축출했다. 1536년에 파렐은 또다른 프랑스인 종교 망명자 장 칼뱅(Jean Calvin)에게 도움을 간청했다. 칼뱅은 바젤로 향하는 길에 제네바를 거쳐 가던 참이었다. 법률가로 훈련받은 칼뱅은 1534년에 프랑스에서 신교 동조자들에 대한 탄압을 피해 달아나기 전까지 관례적인 학자 경력을 쌓은 인물이었다(극적인 폭풍우 사건을 겪지 않았다!). 난삽할지언정 방대한 자서전을 쓴 루터와 달리, 우리는 칼뱅의 초기 생애에 관해, 또는 사적인 성격과 습관에 관해 거의 모른다. 그러나 칼뱅의 정신의 내용은 충분히 알고 있다. 루터가 부산하고 일관성이 없었다면, 칼뱅은 논리적이고 체계적이었다. 루터의 신학이 산탄총이었다면, 칼뱅의 신학은 저격총이었다.

오늘날 루터의 수많은 단편들의 제목은 전문가들만이 기억하는 데 비해, 칼뱅 사상의 본질적 특징들은 모두 『기독교 강요Institutio Christianae religionis』 단 한 권에 담겨 있다. 1536년

PROMPTE ET SINCERE

IOHANNES · CALVINVS ·
ANNO · ÆTATIS ·53·
· B ·

2. 53세의 칼뱅을 묘사한 1562년 초상은 그의 성격이나 인성을 거의 알려주지 않는다.

초판이 출간된 이래 이 책은 다양한 프랑스어판과 라틴어판으로 증보되었다. 이 책의 완전한 제목은 독자들에게 "경건의 개요 전체와 구원 교리에 관해 알아야 할 모든 것"이 담겨 있다고 홍보했다. 『기독교 강요』는 궁극적으로 신비하고 초월적인 신에 관해 알 수 있는 모든 것을 (논리학, 문법, 수사학을 이용해) 체계화하려는 만만찮은 시도였다.

칼뱅의 제네바 개혁 캠페인은 험난하게 출발했다(파렐은 곧 다른 곳으로 떠나갔다). 제네바 시의회는 취리히나 베른에서처럼 행정관이 교회에 대한 완전한 통제권을 보유하는 방식으로 종교개혁을 추진하기를 원했다. 칼뱅은 협력을 선호하면서도 특히 회개하지 않는 죄인을 출교시키는 쟁점과 관련하여 행동의 자유를 고집했고, 목사와 행정관, 평신도 '장로'로 구성된 조직으로서 규율과 도덕적 규제를 책임지는 종교국(Consistory)에 출교 업무를 위임했다. '죄'에 맞서는 운동의 일환으로 칼뱅은 오랫동안 제네바 사회의 엘리트층과 전투를 치렀는데, 그들은 상류층 결혼식에서 춤을 추지 말라거나 세례식에서 자녀에게 전통적인 성씨(따라서 가톨릭 성인들의 이름)를 붙이지 말라는 따위의 지시를 듣기 싫어했다. 사실 (설교사 외에 어떠한 공식 직책도 없었던) 칼뱅은 제네바에서 권위를 확고히 세우기까지 거의 20년이 걸렸다. 칼뱅이 결국 성공한 주된 이유는 제네바 인구의 두 배가 넘는 망명자들이 16세기 중엽 수십 년간 이 도시에 정착하여 그를 지지했기 때문이다. 망명자 절대다수는 칼뱅처럼 프랑스 출신이었다. 한편 이 시기에 제네바는 근대의 주요 국제 중심지라는 평판을 예비하기도 했다. 1550년대 중반에 제네바는 헨리 8세의 딸이자 독실한 구교도인 메리 1세의 (일시적인) 가톨릭 복고를 피해 잉글랜드에서 피신한 사람들에게 거처를 제공했다. 그들 가운데 스코틀랜드인 존 녹스(John Knox)는 제네바를 좋게 보고서 "사도들의 시절 이래 지상에 존재한 가장 완벽한 그리스도의 학교였다"라고 생각했다. 녹스가 보기에 그리스도를 참되게 설교하는 다른 곳들도 있었지만, "예법과 종교를 그토록 진심으로 개혁한" 곳은 없었다. 후손들은 녹스만큼 야단스럽지 않아서 칼뱅파 제네바를 음침하고 억압적인 곳으로, 신정주의 경찰국가로 간주하곤 했다. 현대 학계는 사회복지와 심지어 결혼 상담까지 담당했던 종교국의 역할을 강조하는 등 불공정한 평가를 바로잡고자 노력해왔다. 그렇다 해도 16세기 제네바가 유럽에서 재미의 수도가 아니었던 것은 사실이다.

그렇지만 제네바는 정치와 교리를 뒤흔든 지진의 진원으로서 유럽 대륙 각지로 '제2종교개혁'의 지진파를 퍼뜨렸다. 칼뱅은 이 운동을 제한된 정도까지만 계획하고 지휘했지만 어쨌거나 운동의 후원자 겸 대부였다. 칼뱅은 제네바 서쪽의 덩치 큰 이웃 프랑스에서 아무도 만족스럽게 설명하지 못하는 이유로 위그노(Hugeunot)라고 알려진 신교도들의 조직과 태도에 가장 직접적인 영향을 끼쳤다. 프랑스에서 망명한 목사들은 제네바에서 훈련을 받은 다음 고국으로 돌아갔고, 제네바의 인쇄소들은 프랑스 시장에서 판매할 신교 서적을 대량으로 찍어냈다. 칼뱅은 종교국 설립에 관해 조언하고 가톨릭 예배에 오염되지 말라고 엄중히 경고하는 편지를 썼다. 위그노들은 16세기 중엽에 특히 도시에서 급증했고, 프랑스 남부와 서부에 몰려 있었다. 가장 많을 때 그들의 수는 프랑스 인구의 10퍼센트에서 20퍼센트 사이였다. 프랑스 국왕의 바람을 노골적으로 거역한 이 소수집단은 전투적이고 독선적인 이데올로기와 짜임새 있는 조직 구조를 필요로 했고, 칼뱅주의는 두 가지 모두 제공했다. 지역 회중들은 지방 시노드[synod: 교회의 중요한 문제를 토의하고 결정하는 회의]와 1559년 파리에서 개최된 '전국 시노드'에 대표를 보냈다. 그러나 실제로 전국을 동요시킬 잠재력을 프랑스 신교에 부여한 것은 정치적 지도력과 군사력을 동반한 귀족의 헌신적인 지원이었다. 부르봉(Bourbon), 콩데(Condé), 콜리니(Coligny) 같은 귀족 가문들을 등에 업은 프랑스 신교도들은 왕국을 전복할 수 있다는 야심찬 상상을 했다. 정국 불안은 앙리 2세의 때 이른 죽음과 프랑수아 2세의 섭정기를 장악하려 시도한 열성 가톨릭교도 기즈(Guise) 가문 때문에 더욱 악화되었다. 그 결과는 내전, 더 정확히 말하면 1562년부터 거의 16세기 끝까지 한 세대 동안 중단과 개시를 반복하며 이어진 내전이었다. 예전 학자들은 이 모든 과정의 정치를 강조했지만, 대체로 근래 연구자들은 '프랑스 종교 전쟁'이 적합한 명칭이라고 생각한다. 이 전쟁은 앙리 2세의 아들들이 후사를 보지 못해 신교도인 부르봉 가의 앙리가 제1순위 왕위 계승자가 되었을 때(1584), 그리고 앙리 4세로서 프랑스 왕국의 상속자가 되었을 때(1589) 특히 격렬해졌다. 그러나 가톨릭교회의 장녀인 프랑스는 신교도 국왕을 받아들일 준비가 되어 있지 않았다. 우리는 앙리 4세가 말했다고 전해지는 "파리는 미사를 올릴 가치가 있다"(미사는 가톨릭의 제의이므로 이 말은 앙리 4세가 가톨릭으로 개종했음을 뜻한다)를 유명인의 발언으로 알려져 있으나 실은 그렇지 않은 것들의 목록에 추가할 수 있다. 그렇기는 해도 앙리는 자신의 개종이 정치적 안정의 대가임을 알고 있었다. 프랑스는 종교개혁 시대에 '다르게 귀결될 가능성'이 가장 큰 곳이었지만, 1593년에 앙리가 로마와 화해한 이후 프랑스 신교는 서서히 쇠퇴하기 시작했다. 그렇지만 이 운동은 철저히 억압하기엔 규모가 너무 컸다. 결국 앙리는 1598년 낭트 칙령을 공포하여 위그노들에게 제한된 예배 권리를 주고서 종교 분열을 제도화했다.

칼뱅주의는 16세기 후반에 또다른 무장 투쟁에서도, 즉 에스파냐의 대군주권에 대항한 저지대 국가들의 투쟁에서도 일익을 담당했다. 네덜란드에서 제일 먼저 반기를 든 비국교도인 루터파는 카를 5세 정부에 의해 무자비하게 진압되었다. 정작 루터 본인은 불법 지하 회합 또는 비밀 집회에 반대한 탓에 네덜란드의 루터파에 도움이 되지 않았을 것이고, 시간이 지나면서 칼뱅주의가 영향력을 키워갔다. 헌정 분쟁이 처음부터 뚜렷한 종교적 양상을 띠었던 것은 아니다. 카를 5세는 퇴위하면서 자신의 영토를 나누어 조상 전래의 영토(아울러 황제 칭호)는 동생 페르디난트에게 주고, 에스파냐와 네덜란드는 아들 펠리페에게 주었다. 겐트(Ghent) 태생인 카를은 네덜란드의 복잡하게 얽힌 사법권들과 지역 자치권 전통들을 이해했던 데 비해 에스파냐 태생인 펠리페는 현지 사정을 모르고 중앙집권 정책을 시작했다. 그 결과 공개 반란(1566)이 일어났고, 진압을 위해 파견된 알바 공작 휘하 에스파냐군의 잔혹행위에 신교도뿐 아니라 가톨릭교도까지 네덜란드인 거의 모두가 깊은 혐오감을 품게 되었다. 에스파냐가 진압을 했음에도 칼뱅주의는 특히 반란의 군사·정치 지도자인 오라녜 공 빌럼이 채택한 이후 점차 애국적 저항의 신조라는 외양을 입을 수 있었다. 결국 네덜란드는 종교적 단층선을 따라 나뉘었다. 북부는 신교를 옹호했으며, '에스파냐령 네덜란드'인 남부는 가톨릭교의 아성이 되고 훗날 '벨기에'라는 이름을 얻었다.

그런데 네덜란드 공화국의 독립 과정에는 묘한 구석이 있었다. 칼뱅주의는 '공식' 종교로 인정받았으나 완전한 국교가 된 적은 없었다. 목사들은 종교국 제도를 통해 자발적 회중을 통제하는 데 익숙해져 있었고, 이런 상황을 타파할 의향이 없었다. 그 결과 누구나 교회에 참석해 설교를 들을 수야 있었지만, 성체를 받고 종교국의 권위에 복종하는 칼뱅 교회의 실제 구성원들은 줄곧 소수집단에 머물렀다. 그들은 16세기 말까지도 네덜란드 인구의 약 10퍼센트에 불과했다.

칼뱅주의는 변화무쌍한 야수였다. 칼뱅주의는 영국 제도(諸島)의 모든 지역에서 종교개혁을 빚었지만, 지역마다 다른 모양으로 빚었다. 존 녹스는 1559년에 자신의 이상향인 제네바에서 스코틀랜드로 귀국하여 프랑스를 편드는 가톨릭교도 여왕 메리 스튜어트에 맞서 혁명을 개시했다. 결국 메리는 남쪽 잉글랜드로 도망쳤고(1568), 스코틀랜드에 남겨진 그녀의 아들 제임스는 독실한 칼뱅주의 군주로 길러졌다. 스코틀랜드 교회는 당회(堂會, session), 대회(大會, synod), 총회(總會, general assembly)를 갖춘 완전한 '장로교' 제도를 수립하는 등 칼뱅주의를 훤히 드러냈다. 그에 비해 16세기 후반 잉글랜드의 교회는 신학적 혼성체였다. 교리는 대체로 칼뱅주의에 충실했지만, 통치 구조는 주교와 주교좌성당, 교구 교회재판소를 포함하는 중세 가톨릭교회로부터 물려받은 것이었다. 이는 잉글랜드 무대의 역사적·교리적 특이성, 즉 헨리 8세가 확립한 '국왕의 수장권'과 깊은 관련이 있었다. 헨리 8세로서는 주교 20명을 통해 통치하는 것이 회합에서 자립심 강하고 시끄러운 목사들을 상대하는 것보다 훨씬 쉬웠다. 잉글랜드 교회의 구조가 경화된 것은 1558년 가톨릭교도 이복자매 메리에 이어 왕위에 오른 엘리자베스 1세의 보수적인 견해와도 큰 관련이 있었다. 신교 예배를 복구하고, 교황과 관계를 끊고, 수도원을 재차 해산한 엘리자베스는 재위기(45년) 동안 정녕 다른 어떤 것도 바꾸지 않겠다고 결심했다. 잉글랜드 교회가 '최선으로 개혁된' 유럽 교회들(즉 취리히와 제네바)을 더 빼닮아야 한다는 '청교도들'의 촉구에도 엘리자베스는 아랑곳하지 않았다. 아일랜드에서 프로테스탄트 종교개혁은 잉글랜드의 식민주의와 나란히 진행되었고, 대체로 그 이유 때문에 실패했다. 튜더 시대에 아일랜드 신교는 대체로 '신영어'를 쓰는 정착민들의 전유물이었다. 그에 비해 12세기 앵글로-노르만 침략자들의 후손인 '구영어' 사용자들은 게일어를 쓰는 주민들과 마찬가지로 신교 복음의 감언이설을 시종 완강히 거부했다. 17세기 초에 스코틀랜드 장로교도들이 얼스터 지방에 '식민'된 덕에 수가 늘어난 이후에도 사면초가인 소수파 신세를 면하지 못한 신교도 집단의 의식구조에 맞추어, 아일랜드에서 신교는 뚜렷하게 칼뱅주의적 색채를 더해갔다.

아일랜드의 종교적·종족적 난맥상은 유럽 대륙 반대편의 양상과 대칭을 이루었다. 동유럽은 민족들의 모자이크였고, 그곳에서 칼뱅파는 가톨릭교도, 루터교도, 유대교도, 정교회교도, 그리고 (오스만이 통제한 남동부에서) 무슬림과 드잡이를 했다. 보헤미아에서 칼뱅주의는 여전히 강력한 후스파의 토착 개혁주의와 타협할 수밖에 없기는 했지만, 귀족층 사이에서 어느 정도 지지를 얻었다. 1569년 폴란드 왕국과 리투아니아 대공국이 연합하여 성립된 광대한 다종족 국가에서도 종교개혁은 여러 갈래로 뿌리를 내렸다. 확고한 중앙집권 국가와 정반대였던 이 국가는 선출 군주제와 귀족이 지배하는 강력한 의회(Sejm)을 갖추고 있었다. 1562년, 국왕 지그문트 2세는 지주들에게 교회재판소의 판결을 면제해주어 사실상 그들이 어떤 형태의 종교든 재량껏 선택해 후원할 수 있도록 허용했다. 이 조치는 칼뱅파만이 아니라 삼위일체 교리를 부인하는 급진적인 '유니테리언파'에게도 이로웠고, 그때부터 폴란드는 그들에게 피난처가 되었다. 그렇지만 칼뱅주의가 가장 환대받은 곳은 '세 헝가리'였다. 이 나라는 1541년경 북서부의 합스부르크 왕국, 트란실바니아의 기독교 공국(오스만 술탄의 속국), 튀르크족이 직접 통치하는 남부로 나뉘었다. 오스만군은 진격하며 가톨릭교회의 감독 구조를 파괴함으로써 신교를 크게 도와주었다. 일례로 1526년 모하치에서 벌어진 재앙적인 전투에서 헝가리 주교들의 절반이 살해되었다. 특이하게도 트란실바니아는 당시 널리 받아들여진 네 종교인 가톨릭교, 개혁파 교회, 루터주의, 유니테리언주의를 국교로 인정했다. 그렇지만 동유럽 전반의 패턴은, 루터주의는 독일어권 공동체의 소집단들에게만 호소한 반면에 칼뱅주의는 역사적으로 독일인에게 억압받은 폴란드인과 헝가리인 사이에서 시장성이 더 컸다는 것이다.

칼뱅주의는 아우크스부르크 종교화의에 따라 가톨릭교의 대안을 하나만 인정하고 있던 루터파 독일에까지 침투했다. 이 진정한 '제2종교개혁'은 1563년 팔츠 선제후 프리드리히 3세가 충성 대상을 루터주의에서 칼뱅주의로 바꾼다고 선언한 일을 계기로 본궤도에 올랐다. 프리드리히의 수도로 중요한 대학이 자리한 하이델베르크는 독일 칼뱅주의를 선도하는 중심지가 되었고, 이곳 대학 교수 두 명이 작성한 하이델베르크 교리문답은 칼뱅파 세계 전역에서 널리 쓰였다. 뒤이은 50년간 다른 소국 제후들 여럿이 하이델베르크의 선례를 따랐다. 다만 그들이 꼭 신민들까지 함께 개종시킨 것은 아니었다. 나머지 유럽에서 칼뱅주의 체계의 판매소구점은 유연성이었다. 독일 제후들의 칼뱅주의는 정치적으로 권위주의적인 스타일이었다―대회나 총회가 없었다. 독일 내에서 루터파와 칼뱅파의 관계는 좋을 때에도 줄곧 긴장 관계였다. 그러나 당대

최대의 이데올로기 분쟁에서 되살아나는 가톨릭 세력을 전방에서 대적한 쪽은 칼뱅주의였다.

가톨릭의 대응

가톨릭교회가 다시 흥기한 것은 주목할 만한, 더 나아가 깜짝 놀랄 만한 이야기다. 1560년 무렵 신교는 사실상 저지할 수 없는 불가항력처럼 보였다. 원호를 그리는 북부 왕국들—스웨덴, 덴마크, 스코틀랜드, 잉글랜드—이 모두 신교로 넘어갔고, 한때 신실했던 프랑스와 네덜란드의 가톨릭 도시들에서 이단이 들불처럼 번지고 있었다. 동유럽 도처에서 가톨릭교는 소수파 종교가 되어가고 있었고, 합스부르크 군주정은 자기 뒤뜰에서마저 가톨릭 신앙을 지킬 수 없을 것처럼 보였다. 오스트리아 귀족층 대부분이 16세기 3분기에 신교도가 되었던 것이다. 독일은 인구의 약 80퍼센트가 신교로 개종한 재해 구역으로, 중요한 가톨릭 국가들 가운데 변하지 않은 곳은 바이에른 공국 하나뿐이었다. 가톨릭교의 지중해 심장부—포르투갈, 에스파냐, 이탈리아—에서만 심지에 불이 옮겨붙기 직전에 당국이 가까스로 신교의 불길을 잡을 수 있었다.

이 시점에서 60년 후로 넘어가면 상황이 사뭇 달라 보일 것이다. 프랑스에서 위그노들은 패배하여 수가 줄어들고 있었다. 네덜란드 남부는 구교에 의해 수복되어 재차 가톨릭화되었다. 독일 남부 대부분은 가톨릭의 수중에 있었고, 활기찬 가톨릭 부흥이 오스트리아, 폴란드, 헝가리를 휩쓸고 있었다. 신교는 막다른 골목에 몰렸고, 그것을 알고 있었다. 어떻게 이렇게 되었을까? 냉소적인 답변으로 제시할 후보가 있긴 하다. 바로 군사력이다. 16세기 후반과 17세기 전반에 교황은 실제로 사단을 여럿 거느리고 있었다. 결국 위그노들은 내전에서 지는 쪽이었고, 네덜란드 남부를 수복한 것은 무엇보다 1590년대에 에스파냐 장군 파르마 공작이 빛나는 승리를 거둔 덕분이었다. 16세기 후반에 소심한 황제들의 치세가 지나간 이후, 합스부르크 가문 또한 자기네 영토의 종교 문제에 군사적 논리를 적용하기 시작했다. 그러나 무력이 전부였던 것은 결코 아니다. 가톨릭교는 자체 종교개혁을 추진하는 가운데 유서 깊은 위력에 의존하는 데 그치지 않고 새로운 것의 충격에 자신을 노출하기도 하면서 스스로를 뜯어고쳤다. 그 과정은 트리엔트 공의회(1545~1563)에서 본격적으로 시작되었다.

모든 유형의 개혁가들은 오래전부터 교회의 병폐를 해결할 방책으로 공의회를 꼽았다. 그러나 강력한 기득권 세력이 훼방을 놓았다. 프랑스 왕 프랑수아 1세는 공의회가 독일의 분열을 봉합하면 경쟁자인 카를 5세에게 득이 되리라는 것을 알고서 어깃장을 놓았다. 교황들은 공의회 수위 운동이 부활하고 자신들의 권위가 약해질까 두려워했다. 그 결과 이탈리아 북부 도시 트리엔트에서 공의회가 실제로 소집되었을 무렵 종교적 분열이 너무 깊어져 있어서 카를 5세가 바란 루터파와의 화해는 안건에 오르지도 못했다. 기실 트리엔트 공의회의 제1차 회기(1545~1547)에는 주로 가톨릭의 견해와 신교의 견해를 분명하게 구별하는 식으로 가톨릭 교리(예컨대 성서와 전승의 상보적 위상에 관한 교리)의 정의를 공식화했다. 제2기(1551~1552)와 제3기(1562~1563)에는 제도를 개혁하는 문제와 씨름하여, 주교들에게 한가한 귀족이나 정부 관료처럼 유유자적 돌아다니지 말고 신자들의 목자로서 각자의 교구에 상주하라고 명하는 교령을 도출했다. 가장 중요한 개혁은 모든 교구에 성직자 양성—중세에는 명백히 마구잡이 과정이었다—을 위한 신학교를 설립하라는 교령이었을 것이다. 규율에 충실을 기하는 교육받은 사제를 길러내려는 열망은 가톨릭 개혁의 주춧돌이었다.

트리엔트 공의회는 가톨릭교도로 존재하는 새로운 방식을 개시했다. 라틴어화된 형용사 '트리엔트식(Tridentine)'은 그 방식을 나타낸다. 공의회가 마무리될 무렵, 아직 갈 길이 멀기는 했지만 가톨릭 개혁은 부인할 수 없는 성과를 거둔 터였다. 우선 논란이 분분한 거의 모든 쟁점에 관한 가톨릭 교리를 명료하게 밝힘으로써 단일한 **로마** 가톨릭교회—종교

3. 트리엔트 공의회의 회기를 묘사한 16세기 판화. 이 공의회의 결의들이 다음 수백 년 간 가톨릭교의 기조가 되었다.

개혁 이전 유럽에서 공존했던 더 엉성한 표현인 '가톨릭교들 (Catholicisms)'을 대체했다—의 통일된 기반을 마련했다. 또한 평신도를 위한 표준화된 교리문답서(종교 교육서)를 공인했고, 미사 집전의 균일한 순서를 정했다—트리엔트식 전례는 지금도 가톨릭 전통주의자들의 사랑을 받는다. 공의회는 '악폐'를 척결하고자 사제와 주교가 교회의 목회 임무에 정력을 쏟게 했다. 그리고 15세기 공의회들과는 반대로 교황직의 권한을 약화하지 않고 오히려 강화했다. 연이은 교황들은 트리엔트 공의회의 진행을 면밀히 감시했고, 비오 4세 (1559~1565)는 교령을 승인하면서 그것을 해석할 권한을 자신에게 남겨두었다. 트리엔트 이후 교황의 권위는 제도적으로만이 아니라 도덕적으로도 강화되었다. 보르자 가문의 불명예스러운 교황 알렉산데르 6세가 예증하는 르네상스기 로마의 퇴폐적인 분위기로 돌아가는 일은 없었다. 16세기 후반 비오 5세(1566~1572), 그레고리오 13세(1572~1585), 식스토 5세 (1585~1590) 같은 후계자들은 높은 수준의 금욕생활로 교황직의 명예를 회복하는 데 크게 기여했다.

공의회의 안건을 심의하는 것과 병행하여 교황들은 교회의 중앙관리를 정비했다. 1542년 검사 성성(檢邪聖省, 교황이 통제한 종교재판소)을 설립했고, 1559년 교황의 금서 '목록(Index)'을 발표하고 아울러 1587년 금서 성성을 설립했다—'대항-종교개혁'의 가장 악명 높은 사례들이다. 이런 의미의 '성성'은 특정한 행정 직무를 맡은 추기경들의 위원회였다. 교황직은 유럽에서 선출 군주제의 두드러진 사례로 남았지만, 교황을 선출하는 추기경들(식스토 5세가 70명으로 고정했다)은 교황에게 보고를 올리는 공식 관료제의 성격을 띠어갔고, 교황과 반목하는 귀족 계급의 성격을 잃기 시작했다.

트리엔트식 성성들 중 하나는 (1622년 설립된) 포교 (Propaganda fide) 성성이었다. 여기에 쓰인 프로파간다 (Propaganda)가 현대에 정치적 기만과 조작을 뜻하는 용어로 쓰였다는 사실은 어원에 때때로 문화적 편견이 파고든다는 것을 보여준다. 포교 성성은 로마 교회가 더이상 유럽에만 국한된 교회가 아님을 깨달은 교황청이 뒤늦게 공인한 기구였다. 포르투갈 무역상들과 에스파냐 정복자들에 뒤이어(때로는 그들에 앞서) 가톨릭교는 세계 종교, 남극 대륙과 아직 유럽인이 발견하기 전이었던 오스트레일리아를 뺀 모든 대륙에 신봉자를 둔, 진정으로 지구를 아우르는 최초의 신앙이 되었다. 더 넓은 세계를 복음화하는 것은 프로테스탄트 종교개혁에 대응하는 반격이 아니었다. 멕시코에 파견된 초기 선교사들은 인문주의 성향의 프란치스코회 수사들로서 마르틴 루터를 거의 또는 전혀 몰랐다. 그러나 머지않아 신세계에서 영혼을 수확하여 구세계에서의 상실을 만회할 수 있음이 분명하게 드러났다. 16세기 후반에 어느 선교 사제는 흥분한 필치로 일본에 관해 썼다. 신께서 "고지와 저지 독일에서 사악한 적〔악마—저자 주〕에 홀린 수많은 영혼들을 대신해…… 이제껏 거룩한 신앙을 전혀 몰랐던 세계 반대편의 다른 성민(聖民)들을 고르셨다"는 것이었다. 신교와 트리엔트식 가톨릭교가 사도를 닮은 보편 교회라는 정체성을 서로 역설하는 경쟁의 일환으로 유럽 외부에서 힘쓴 선교에 관한 한, 후자가 전자를 극적으로 앞지르고 판정승을 거두었다.

가톨릭 선교의 최전선에는 오래전부터 유럽을 순회하며 전도를 해온 프란치스코회, 도미니크회, 아우구스티누스회가 있었다. 가톨릭 종교개혁의 영적 열성은 수많은 신생 교단을 낳았지만, 유럽 안에서나 밖에서나 예수회만큼 중요한 교단은 없었다. 예수회는 바스크 지방 귀족 이그나티우스 로욜라(Ignatius Loyola, 1491~1556)가 1534년에 설립했고, 1540년에 교황의 인가를 받았다. 불과 50여 년 만에 이그나티우스의 몇 안 되는 남루한 동지들은 1만 3000명을 헤아리는 국제 조직으로 급성장했다. 예수회의 성공에 필적하는 것은 신교권뿐 아니라 가톨릭권에서도 그들이 불러일으킨 깊은 불신밖에 없었다—유럽의 여러 언어에는 '예수회 같은(Jesuitical)'〔음흉한, 교활한 등의 의미가 있다〕과 어원이 같은 단어들이 있다. 예수회에 관한 신화는 차고 넘친다. 이를테면 예수회는 반신교 돌격

대로 복무하기 위해 창설된 것이 아니다. 예수회는 교황에게 '충성'한다는 특별한 서원을 하지 않았다(그보다는 교황의 명령에 따라 세계 어디서든 선교를 계속하겠다고 맹세했다) 따위 신화가 있다. 예수회의 본래 소명, 그리고 오랫동안 그들의 특기는 교육이었다. 예수회 학교들은 빈민들에게 무료 교육을 제공했고, 사회 엘리트층(일부 신교도들을 포함해)의 교육 수요가 높은 장소이기도 했다. 그러나 예수회는 곧 종교개혁으로 잃어버린 공간과 신도를 되찾으려는 캠페인의 선봉대로 투입되었다. 그들은 독일과 폴란드 전역에서 설교사와 고해신부로 활약했고, 스웨덴과 영국 제도에서 선교사(이따금 음모자)로 활동했다. 예수회의 독특한 '기풍'은 전통적인 수도원 구조와 융통성 있는 행동주의(예수회 회원들은 공동으로 '시과'〔時課: 일정한 시간에 드리는 기도〕를 낭독할 의무가 없었다)의 결합에서 비롯되었다. 또한 그 기풍은 이그나티우스의 비범한 저서인『영성 수련Exercitia spiritualia』─내면화된 상상적 기도를 '어떻게 하는지' 알려주는 안내서로 근대적 개념인 '피정(避靜)'을 창안했다─을 반영했다. 예수회는 본능적으로 사회를 위로부터 아래로 개혁하려 했고, 사회 엘리트층의 영향권에 이끌렸다. 합스부르크가의 독실한 황제 페르디난트 2세(재위 1619~1637)가 곁에 둔 예수회 고해신부 빌헬름 라모르마이니(Wilhelm Lamormaini)는 신교도 신민들을 향해 호전성을 키워가던 황제의 심기를 더욱 경직시켰다.

30년 전쟁과 그 이후

지역 수준에서 종교개혁과 대항-종교개혁이 수없이 대치하던 국면은 1618년 이후 커다란 불길처럼 전체를 집어삼키는 유혈극으로 바뀌었다. 재편된 대립 구도는 합스부르크 왕조의 에스파냐와 오스트리아, 바이에른의 막시밀리안 공작이 이끄는 가톨릭 연맹 대 독일의 신교 국가들, 네덜란드, 스칸디나비아였다(제임스 1세의 잉글랜드는 거리를 두어 청교도들을 당혹시켰다). 30년 전쟁은 종교 전쟁으로 시작되었으나 그렇게 끝나지는 않았다. 전쟁의 도화선은 오래전부터 종교적 논전의 무대였던 보헤미아에서 반란자들이 당시 대공(Archduke) 페르디난트 대신 팔츠의 칼뱅파 선제후 프리드리히를 대군주로 받들려고 시도한 것이었다. 1620년 백산(白山) 전투에서 프리드리히가 궤멸적 패배를 당하자 두 세기에 걸친 보헤미아의 종교적 실험도 막을 내렸다. 후스파 교회는 제거되었고, 그곳 목사들은 다른 신교 공모자들과 함께 추방되었다. 그 직후 가톨릭 동맹 병력은 하이델베르크를 약탈했다. 1620년대에 독일에서 연이은 승리에 고무된 페르디난트는 급진적이고 자의적인 합의를 강요했다. 그의 반환 칙령(1629)은 1552년 이래 독일에서 세속화된 모든 교회령과 주교령을 반환할 것을 요구했고, 제국에서 칼뱅주의를 거의 완전히 금한다고 재천명했다.

그 칙령은 과도한 조치였다. 온건한 동맹들을 멀어지게 했고, 칼뱅파와 루터파가 협력하게 했으며, 보기 드문 군사적 개입을 유발했다. 스웨덴 왕 구스타푸스 아돌푸스는 신교의 구원자라는 망토를 두르고서 독일을 침공했다. 1631년 구스타푸스가 브라이텐펠트 전투에서 뜻밖의 승리를 거두자 전쟁의 흐름이 반전되었고, 이듬해 전투에서 그가 사망하긴 했으나 독일 내 군사 균형이 안정되었다. 그러자 페르디난트는 타협안을 모색하기 시작했다. 한편 합스부르크 왕조의 유럽 패권을 우려한 프랑스의 추기경 겸 재상 리슐리외(Richelieu)는 가톨릭을 믿는 프랑스를 '신교' 편에서 전쟁으로 이끌었다. 교황 우르바누스 8세 또한 황제에 맞서 일부러 중립을 고수한 까닭에 막판에 접어든 30년 전쟁을 종교 전쟁으로 보기가 더 어려워졌다.

독일에서 종교개혁 전투가 교착된 이후 베스트팔렌 조약(1648)이라 뭉뚱그려 부르는 일련의 협정들이 체결되어 분쟁이 종결되었다. 다만 프랑스와 에스파냐만은 1659년까지 치고받았다. 원칙에 대한 실용주의의 승리인 베스트팔렌 조약은 이전의 종교적 상황(1624년이 기준 시점으로 채택되어 페르디난트의 반환 칙령이 무효가 되었다)을 받아들여 교파 지도를 안정시켰다. 신교를 믿는 네덜란드의 독립이 공식 인정되었고, 동쪽에서 합스부르크 왕조가 당한 기습도 마찬가지였다. 신성로마 제국 내에서 칼뱅주의는 마침내 완전한 법적 인정을 받았고, 가톨릭 영토에서 루터교 신민이, 그리고 루터교 영토에서 가톨릭 신민이 "조사나 방해 없이" 집에서 조용히 예배할 권리를 인정받는 놀라운 혁신이 이루어졌다.

30년 전쟁이 막바지에 접어드는 동안 영국은 별도의 종교 전쟁을 한바탕 치르기 시작했다. 찰스 1세가 잉글랜드 왕국과 스코틀랜드 왕국 둘 다에서 왕위에 올라 예식을 더 중시하는 '고상한' 신교 예배 방식을 잉글랜드 교회에 지시한 이후, 잉글랜드 국교회와 스코틀랜드 국교회의 차이가 확대되었다. 찰스 1세가 그 방식을 스코틀랜드 교회로 확대하려 시도하자 스코틀랜드인들은 반란을 일으켰고, 종교개혁의 원칙을 지키기 위해 국민 맹약(National Covenant, 1638)에 서명했다. 1641년, 아일랜드의 가톨릭 반란자들은 현지 압제자들을 유달리 잔혹하게 공격했고, 잉글랜드로 전해진 학살 소식은 가톨릭 고문관들로 이루어진 도당이 찰스를 은밀히 조종하고 있다는 피해망상적 두려움을 부채질했다. 1642년에 터진 잉글랜드 내전은 입헌주의와 무제한 군주 권력이 대립하는 구도이긴 했으나 종교적 색채도 강했다. 찰스가 패배하고 뒤이어 처형되자(1649) 청교도들은 오래도록 염원해온 '경건한' 종교개혁 계획을 실행할 수 있었다. 또한 대중의 종교적 창의성이 급진적인 신생 교파들이라는 형태로 터져나왔다―그중에서 침례파와 퀘이커파가 제일 오래 살아남을 터였다. 1660년 찰스 2세의 왕정복고로 일종의 정치적 안정이 복구되었지만, 이미 뒤흔들린 종교적 통일을 다시 봉합할 수는 없었다. 이제 '비국교도(Non-conformist)'는 잉글랜드 교회로부터 영원히 분리되었고, 국교 지지자들은 스스로를 '성공회교도(Anglican)'라 부르기 시작했다. 성공회는 유럽 대륙에서 창설된 다양한 신교 교파들과는 사뭇 다른 갈래였다.

17세기 후반에 국내외 정치에서 헌신적인 신앙의 역할이 줄어들고 종교 전쟁의 시대, 종교개혁의 시대가 끝났다는 것이 일반적인 견해다. 이 견해는 어느 정도 참이다. 일례로 당대의 정치적 거물인 프랑스의 루이 14세(재위 1656~1715)가 팽창주의 야망을 드러내자 지난날 신념 정치의 기수였던 가톨릭권 오스트리아는 그에 맞서 연합한 신교 국가들과 동맹을 맺었다.

그러나 루이 14세의 네덜란드 침공을 환영한 현지 가톨릭 소수집단이든 가톨릭교를 고수한다는 이유로 국왕 제임스 2세를 1688년에 폐위시킨 잉글랜드의 열렬한 반가톨릭 신교도이든, 분명히 루이를 가톨릭의 대의와 동일시했다. 그보

4. 낭트 칙령 철회의 알레고리. 진리가 이단의 가면을 벗기는 광경을 루이 14세가 감시하는 가운데 (좌우 하단의 원형 그림에서) 칼뱅파 교도들은 신앙을 저버리고, 가톨릭교도들은 신교 예배당을 파괴하고 있다.

다 3년 전인 1685년에 루이는 거의 한 세기 동안 프랑스에서 위그노들에게 예배할 권리를 허용했던 낭트 칙령을 철회함으로써 정치적 절대주의와 종교적 승리주의를 결합하는 놀라운 실례를 보여주었다.

그 결과는 억압과 반란, 추방과 진실하지 않은 개종의 물결, 그리고 국경을 건너간 망명자들이 쓰라린 원한을 키우고 현지인들 사이에서 두려움을 불러일으키는 사태였다. 한 세기 반 동안 종교개혁들은 유럽 정치생활과 문화생활의 주요 동력이었다. 종교개혁이 그 기능을 아직 다하지 않은 때에 계몽주의 시대가 동트기 시작했다.

제 2 장

구원

1999년 10월 31일, 오래전 비텐베르크 성채 교회에 95개 논제가 붙은 것을 기념하는 날에 로마가톨릭교회와 루터교 세계연맹의 대표들이 독일 도시 아우크스부르크에 모여 "루터교와 가톨릭교 사이에 존재하는 의화(義化) 교리의 기본적인 진리들에 합의"한다는 공동선언에 서명했다. 종교개혁이 마침내 끝난 것처럼 보였다. 루터와 로욜라는 천국에서 내려다보며 온화하게 미소 지었을지 모른다. 각자의 무덤 속에서 통곡했을 가능성이 더 크긴 하지만.

'의화'(득의得義, 칭의稱義 등과 같은 뜻으로 혼용된다)는 어떻게 죄 많은 남녀가 하느님에게 받아들여질 수 있고 그 결과로 천국에서 하느님과 영생을 공유하는 자격을 얻는지에 관한 신학자들의 해설이다. 종교개혁은 무엇보다도 구원의 규칙과 기제에 관한 지난한 논쟁이었다. 기독교의 메타서사는 두 가지 고정된 기준점에 달려 있다. 인류는 최초의 반역 행위를 저질러 하느님의 친교를 잃었다. 다시 말해 아담과 이브의 '타락'으로 말미암아 세상에 죄가 생겼고, 그때부터 '원죄'는 그들 후손의 본성에 묻은 흔적과 얼룩이 되었다. 그러나 하느님은 그리스도에게 인성을 부여하시어 몸소 인간과의 친교를 복원했고, 그리스도는 사랑과 희생의 궁극적 행위로 십자가에서 못박혀 죽음으로써 아담의 죄를 '대속(代贖)'했다. 그로써 에덴동산에서 닫혔던 구원의 문이 잠재적으로 다시 한번 열렸다. 종교개혁 시대 주류 사상가들은 이런 해설에 대체로 동의했다. 논쟁은 기독교도 개개인이 실제로 그 문을 어떻게 통과할 것인지, 통과하기 위해 준비하는 동안 교회의 역할은 무엇인지, 그 문이 누구에게나 열려 있는지 아니면 소수에게만 열려 있는지를 둘러싸고 일어났다.

의화와 신앙

가톨릭교회가 신자들에게 '선행'을 실천하여 천국에 이를 수 있다고 지난날 가르쳤거나 오늘날 가르치고 있다는 것은 신교도뿐 아니라 일반 가톨릭교도 사이에서도 흔한 오해다.

위대한 신학자 성 아우구스티누스(354~430)가 역설한 대로, 구원은 권리가 아니라 초대에 응하는 것이었다. 중세 가톨릭 신학은 하느님이 자유롭게 자의로 죄인에게 '은총'을 제안한 다고 보았다. 은총이란 하느님이 자격 없는 인간에게 베풀어 영생을 누릴 수 있게 하는 호의라고 정의할 수 있다. 사람들은 그 은총 제안을 받아들일 때 의롭게 되었고, 하느님의 계명이 요구하는 선행을 행함으로써 그 제안에 응했음을 입증해 보였다.

까다로운 점은 누군가 하느님의 초대에 토를 달지 않고 '네' 하고 응한 사람으로 여겨질 만큼 선행을 충분히 행했는지를 아는 일이었다. 중세 후기에 학구적 신학은 하느님은 인간이 줄 수 있는 것 이상을 결코 요구하시지 않는다는 말로 사람들을 안심시켰다. 독일 신학자 가브리엘 비엘(Gabriel Biel, 1495년 사망)은 그 가르침을 "네 안에 있는 것을 행하라(facere quod in se est)"라는 격언으로 요약했다. 그런데 사람들이 과연 보이스카우트 단원처럼 최선을 다했다고 정말 확신할 수 있었을까? 어느 이론은 중세 후기 사회에 병리적인 '구원 불안'이 만연했고, 그 불안이 격하고 과도한 신심 활동으로 나타났다고 본다. 많은 증거들은 평신도들이 교회의 건축과 재단장을 아낌없이 지원했고, 성인 공경과 미사 참례, 성지 순례, 면죄부 구입에 열심이었음을 보여준다. 중세 후기에 이른바 '죄화(罪

化)'는 한계점에 가까워지고 있었을 것이다. 그러나 사태의 추이를 더 건강하고 긍정적인 관점에서 해석할 수도 있다. 지역 성인(聖人) 공경의 성황, 형제회와 신심회를 비롯한 종교 단체의 결성 같은 종교개혁 이전 신심의 독특한 특징들은, 공동체에서 종교가 중요했음을 분명하게 알려줄 뿐 아니라, 신앙의 관례에 더 많이 참여하고 그 관례를 통제하려던 평신도들의 바람을 보여주기도 한다.

그렇지만 중세 후기 가톨릭의 '소심증'에 관한 연구의 결정적인 사례는 루터다. 청년 수도사 시절 루터는 자신이 무가치하고 하느님의 호의를 얻으려는 수도생활의 노력이 부질없다는 생각으로 고뇌했다. 그 위기는 수도원 골방에서 돌파구를 찾고 광명으로 나아가듯 깨달은(훗날 루터는 이 사건을 '탑의 체험'이라 불렀다) 순간에, 또는 더 그럴듯한 가능성을 말하자면 대략 1513년부터 1518년까지 점진적인 확신의 결과로서 해소되었을 것이다. 촉매제는 성 바울로의 정경(正經) 서한, 특히 "믿음을 통해서 하느님과 올바른 관계를 가지게 된 사람은 살 것이다"(로마서 1장 17절)라는 말이었다〔17절 전체는 다음과 같다. "복음은 하느님께서 인간을 당신과 올바른 관계에 놓아주시는 길을 보여주십니다. 인간은 오직 믿음을 통해서 하느님과 올바른 관계를 가지게 됩니다. 성서에도 "믿음을 통해서 하느님과 올바른 관계를 가지게 된 사람은 살 것이다" 하지 않았습니까?〕. 루터는 하느님 앞에서 기독교인을 의화하는 올바름이 성취되는 것이 아니라 **부가**된다고 결론 내린 순간, 다시 말해 그리스도가 십자가에서 희생한 결과로 하느님께서 설령 여전히 완전한 죄인일지라도 개개인을 의인으로 받아들이기로 선택하신다고 결론 내린 순간, 불안과 자기혐오의 소용돌이에서 벗어났다. 구약과 신약, 율법, 복음의 총합이 이 통찰에 담겨 있었다. 하느님의 계명의 역설적인 점은 그것을 이행하기가 불가능하다는 것, 사람들에게 그들 자신이 무가치함을 확신시킨다는 것이며, 그리하여 사람들은 그저 하느님의 약속을 신뢰하기만 하면, 믿기만 하면 신께서 그들을 받아들이실 거라는 '기쁜 소식'을 받을 수 있다. 이런 이유로 루터주의는 '이신득의'〔以信得義: 믿음을 통해 신과 올바른 관계를 맺는다〕 교리를 믿는다(그리고 이런 이유로 1522년 루터는 성서를 번역하는 가운데 "사람은 율법을 지키는 것과는 관계없이 믿음을 통해서 하느님과 올바른 관계를 맺는다"〔로마서 3장 28절〕라는 성 바울로의 결론에 '오로지'라는 낱말을 추가해 "오로지 믿음을 통해서"라고 옮기면서도 양심의 가책을 느끼지 않았다). 이제 구원은 참된 기독교 생활의 최종 목표가 아니라 출발점이었다.

평범한 민중이 신학 훈련을 받지 않고도 루터의 제언을 이해할 수 있었을까? 이해할 수 없었다고 주장하는 것은 그들을 깔보는 태도일 것이고, 비록 그들 다수가 복음이 약속한 '해방'을 심리적 또는 영적 해방보다는 사회정치적 해방으로 여기긴 했지만, 그렇게 거만한 태도로는 그들이 루터의 메시지를 열광하며 받아들인 사실을 설명하기 어렵다. 그렇지만 이런 수용을 충분히 이해하려면 루터가 '신교도'가 아니라 중세 후기 가톨릭교도였다는 것, 초기 종교개혁이 가톨릭교 외부에서 가해진 공격이 아니라 16세기 초 가톨릭교 내부의 운동이었다는 것을 꼭 기억해야 한다. 장엄하되 어수선한 온갖 유물과 성인 공경에도 불구하고, 중세 후기 신심의 현저한 특징은 열성적인 '그리스도 중심주의', 즉 예수의 인격과 고통에 경건히 집중하는 신앙이었으며, 예술과 글에서 예수는 인간 실존의 괴로움과 비애를 공유하는 '슬픔의 사람'으로 묘사되곤 했다. 당시 혁명적이었던 루터의 '십자가의 신학'은 기독교도들의 문화적 심성에 큰 울림을 일으켰다.

루터의 신학은 근본적인 철학적 쟁점도 제기했다. 개개인의 운명이라는 가장 중요한 문제에서 자유의지가 계속 어떤 역할을 하는가? 사람들은 하느님의 구원 제안을 자유롭게 받아들이거나 거부하는가? 루터는 이런 물음에 아니라고 답했고, 아울러 더 일반적으로는 인간의 존엄성을 격상하는 견해를 폄하함으로써 종교개혁과 가톨릭 인문주의 사이 동맹이 깨지기 쉽다는 것을 드러내 보였다. 16세기 속담대로 "루터가 부화시킨 달걀을 낳은" 사람은 에라스뮈스였을 것이다. 그러나 에라스뮈스는 자신의 둥지에 뻐꾸기가 들어왔음을 알게 되었다. 1525년 에라스뮈스는 의지의 자유 문제를 둘러싸고 루터와 공개적으로 결별했다. 에라스뮈스는 가톨릭의 전통 교리를 따라 인간의 의지의 자유가 하느님의 예지와 양립 가능하다고 믿었다. 20년 후에 트리엔트 공의회는 의화가 하느님의 공짜 선물을 받아 시작될지라도 개개인은 그 선물에 협력할 필요가 있고 따라서 자유의지의 적극적인 역할이 필요하다고 선언함으로써 종교개혁으로 기독교의 주요 교리가 분열된 상황을 더욱 굳혔다. 루터는 죄인이 신의 은총으로 의화된다는 교리에서 더 나아가지 않은 데 반해, 트리엔트 공의회는 의화의 본질은 개인이 은총을 통해 그리스도의 더 완벽한 제자로 실제로 변해가는 것이라고 가르쳤다. 흥미롭게도 뒤이은 프로테스탄트 개혁가들 대다수는 의화의 속편 격인 기독교인의 성화(聖化)에 루터보다 훨씬 더 관심을 보였다.

예정

이신득의는 가톨릭 세계와 신교 세계를 가르는 단층선이었지만, 신교 진영 내부에서도 이 교리를 가다듬고 확장하는 과정에서 교파들 사이에 영속적인 차이가 빚어졌다. 어떤 의미에서 '예정(predestination)'은 아우구스티누스의 신학에 뿌리

박고 있는, 논란의 여지가 별로 없는 기독교 개념이었다. 하느님은 당신이 은총을 제안한 사람들의 구원을 뜻하고, 따라서 구원의 원인이다. 그러나 하느님의 입맛에 덜 맞는 사람들의 결말은 어떠할까? 하느님은 지옥에 떨어질 그 영혼들의 영벌(永罰)을 적극적으로 뜻할까? 루터는 '이중 예정론'〔하느님이 세상을 창조하기 전에 선택할 자와 버릴 자를 미리 정했다는 교리〕을 회피했지만, 언제나처럼 논리적이고 포괄적이었던 칼뱅은 회피하지 않았다. 예정론이 결국 칼뱅과 불가분하게 연관되긴 했지만, 그는 『기독교 강요』 초판에서 예정론을 아주 가볍게 다루었고, 가톨릭교와 신교의 공격에 직면하여 예정론을 점점 중시했을 뿐이다. 사실 예정론을 다듬어 최종 형태를 내놓은 사람은 제네바에서 칼뱅을 계승한 테오도뤼스 베자(Theodorus Beza, 1519~1605)였다. 그는 세상의 창조와 아담의 타락 또는 '탈선' 이전부터 하느님이 모든 인간의 영원한 운명을 정해두었다고 결론 내렸으며, 이 교리는 '타락 전 예정설(supralapsarian predestinarianism)'이라는 위압적인 이름으로 불려왔다. 이 교리를 논리적으로 더 밀고 나아가면 그리스도가 모두를 위해 돌아가셨을 리 없고 '선택받은' 자들만을 위해 돌아가셨다는 결론, 즉 '제한 속죄'에 이른다. 하느님은 왜 이렇게 했고, 어째서 겉보기에 무작위로 일부를 선택하고 나머지를 버렸을까? 그렇게 하기를 원했기 때문이다. 예정은 칼뱅주의 하느님의 전적인 초월성, 주권, 그리고 인간이 상상한 속박에서 자유로움을 나타내는 궁극적 상징이었다. 가톨릭측은 그 교리가 하느님을 폭군으로 만든다고 비판했고, 16세기 후반에 일부 루터파도 그 비판에 얼마간 동의했다. 그들은 루터 자신의 입장으로 돌아가 예정은 인간 행위에 대한 신의 예지에 근거한다고 주장했다. 이와 비슷한 입장을 취한 네덜란드의 칼뱅주의 '이단자' 야코뷔스 아르미니위스(Jacobus Arminius, 1560~1609)의 견해는 네덜란드 개혁파 교회 내에서 분열을 촉발했고, 1619년 국제 칼뱅주의 대표들이 참석한 도르드레흐트 시노드에서 확고히 부정되었다. 그럼에도 '아르미니위스주의' 교리는 17세기 전반에 잉글랜드의 칼뱅주의 교회에 침투했고, 17세기 말까지 이 교회의 지배적인 신학이 되었다. 비국교파 신교 집단들―침례파와 훗날 감리파―마저 칼뱅주의 갈래와 아르미니위스주의 갈래로 나뉘었다.

지금처럼 당시에도 기독교도 다수는 이중 예정론을 구미에 맞지 않는 교리로 여겼지만, 나머지는 헤아릴 수 없는 평온의 원천으로 받아들였다. 누가 구원을 받고 누가 영벌을 받는지 확실히 알기란 불가능했지만, 칼뱅주의 신자들은 용기를 얻어 자기들 안에서 '보증'의 징후들을 찾았다. 신심, 절주, 올바른 생활은 선택받은 자를 가리킬 가능성이 큰 표징들이었고(하느님은 건강한 나무에서 실한 열매가 열리게 하신다), 반대로 술

고래와 간음자는 현세의 무가치한 생활로 그들의 영원한 운명을 무심코 누설하는 꼴이었다. 그리하여 칼뱅주의는 사회적 연대를 강화했다. 예컨대 평판 나쁜 사람들과 대비되는 '점잖은' 사람들의 정체성을 지탱했다(점잖은 사람들을 사회경제적 관점에서 너무 편협하게 해석하지 않도록 주의해야 한다. 그들 중에는 중간계급 칼뱅주의자뿐 아니라 가난한 칼뱅주의자도 있었다). 현세와 내세를 '그들과 우리'(분명 '그들'은 충실한 소수 신도들보다 수가 많다)로 나눔으로써 칼뱅주의는 프랑스와 네덜란드에서는 항거하는 소수집단들의 결의를, 다른 많은 곳에서는 망명자들과 이민자들의 결의를 강화했다. 예정 교리는 결연한 사람들의 견고한 토대였다. 그러나 신경이 과민하거나 천성이 우울한 사람들에게 예정 교리는 심리적 칼날이 되기도 했다. 17세기 초에 런던의 청교도 일기작가 느헤미야 윌링턴(Nehemiah Wallington)은 영벌을 받을 두려움에 너무나 사로잡힌 나머지 무려 열일곱 번이나 자살을 시도했다.

칼뱅파만이, 더 넓게 말해 신교도만이 예정론을 믿었던 것은 아니다. 17세기에 가톨릭권 유럽, 특히 프랑스는 얀선주의 현상―일종의 가톨릭 청교도주의―의 무대였다. 얀선주의는 네덜란드 신학자 코르넬리스 얀선(Cornelis Jansen, 1585~1638)이 예수회의 루이스 데 몰리나(Luis de Molina)를 공격한 데서 연원했는데, 몰리나는 인간의 선행에 대한 하느님의 예지로 인해 그 행위의 자유로운 성격이 없어지는 것은 아니라고 가르쳤다. 얀선주의는 인간의 선행 역량을 아주 부정적으로 보는 견해를 칼뱅주의와 공유하여 인간은 은총을 받을 자격이 전혀 없다고 가르쳤다. 얀선주의의 가장 유명한 옹호자였던 신학자 겸 수학자 블레즈 파스칼(Blaise Pascal, 1623~1662)은 예수회를 매섭게 비판했고, 『팡세Pensées』에서 철학적 이성이 아닌 신앙을 하느님에 대한 앎의 토대로 제시했다. 정치적으로 프랑스 얀선주의는 프랑스 교회가 실무를 처리할 때 로마의 간섭을 받지 말아야 한다는 견해인 '갈리아주의'로 기울었다. 당연히 교황들은 이 운동을 규탄했지만, 일련의 얀선주의는 18세기를 거치며 프랑스와 나머지 유럽의 가톨릭교들을 통해 퍼져나갔다. 중요한 대중 운동이 되기엔 너무 지적이고 도덕적으로 너무 엄격했던 얀선주의는 가톨릭교를 '단일체'로 여기는 견해를 반박하는 사례, 그리고 종교개혁이 묘한 방향으로 흘러갈 수 있었음을 상기시키는 사례다.

성서의 권위

천국은 때에 따라 나중으로 미룰 수 있는 문제였다. 구원의 순서와 원인을 둘러싼 종교개혁기 논쟁은, 천국에 이르기 전까지 하느님께서 기뻐하실 기독교인의 삶을 영위하는 법을 알려줄 믿음직한 길잡이를 과연 어디서 찾을 수 있느냐는 논쟁과 뒤얽혔다. 권위주의 시대에 이것은 주로 권위에 관한 논쟁이었다. 가톨릭교도들은 교회의 권위에 호소했고, 신교도들은 성서의 권위에 호소했다. 이 격론은 닭이 먼저냐 달걀이 먼저냐 하는 난문의 신학적 버전과 유사했다. 교회가 먼저인가 성서가 먼저인가? 가톨릭측은 예수가 공동체를 세웠지 책을 쓰지는 않았다고 지적했다. 신교측은 그리스도 자체가 '말씀'이며, 우리는 성서를 읽고 듣고 설교하면서 그리스도의 임재를 체험한다고 반박했다.

신교의 신화에 따르면 종교개혁가들은 마치 찬장 뒤에서 잊힌 채 썩어가던 물건을 찾아낸 것처럼 성서를 '발견'했다. 사실 중세 기독교는 성서를 열렬히 탐닉했고, 신학자들은 유용한 지식 일체를 망라하는 백과사전으로 여겼다. 종교개혁 이전에 평신도를 위해 성서를 토착어로 옮긴 번역본들이 없었다는 것도 진실이 아니다. 다만 중요한 예외인 잉글랜드에서는 15세기에 롤러드파가 교회 전통에 맞서 자기네 번역본으로 신자들에게 호소하자 화들짝 놀란 주교들이 그 번역본을 전면 금지했다. 지금도 왕왕 거론되는 또다른 오해는, 개혁가들이 사람들에게 성서를 읽혀서 그들 스스로 성서의 의미를 해석하도록 이끌려고 했다는 것이다. 개혁가들은 성서의 '명료한 진리', 이제껏 성서를 읽을 기회가 없었을지라도 올바로 생각하는 사람이라면 누구에게나 명백한 진리가 있다고 믿었다. 당대의 다른 성서들과 마찬가지로, 루터의 독일어 성서는 서문과 난외 주석으로 독자를 인도하고자 했다. 16세기에 성서를 읽으면서 삼위일체, 그리스도의 신성, 유아 세례 등을 마음대로 해석하는 기독교도를 유죄 판결했다는 점에서 신교 당국과 가톨릭 당국은 차이가 없었다. 그럼에도 신교는 성서의 종교였고, 성서는 신교도들의 종교였다. 16세기와 17세기에 무수한 판본과 수많은 언어로 인쇄된 성서는 신교의 주된 문화적 아이콘이 되었고, 가톨릭 사회와 반대로 신교 사회의 가정에는 대부분 성서가 있었다. 성서의 문화적 영향은 어마어마했다. 일례로 셰익스피어의 그다지 종교적이지 않은 희곡들 중 하나인 『헨리 4세Henry IV』의 제2부에는 성서를 참조한 대목이 70군데 가까이 있다.

성서는 읽힐 뿐 아니라 낭독되기도 했으므로 꼭 읽을 줄 알아야만 신교를 믿었던 것은 아니다. 설교는 중세에 널리 퍼지고 인기를 얻었으나 대체로 전문가들, 즉 가톨릭 수사들의 수중에 있었다. 그에 비해 이제 '설교사'는 신교 목사의 동의어나 마찬가지였다. 이론상 사람들은 설교를 들음으로써 죄를 자각했고, 인간을 의화하는 신앙을 신의 선물로 받아들였고, 구원을 확신했다. 이런 이유로 칼뱅주의 설교사들은 자신들이 '영혼을 구한다'라는 다소 모순된 주장을 폈다. 설교는 1주

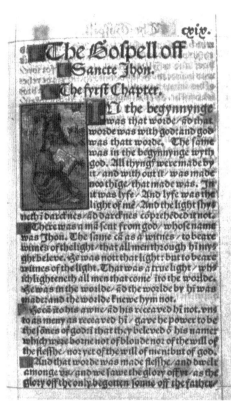

5. 1526년 윌리엄 틴들(William Tyndale)이 인쇄한 성서의 요한복음 첫머리는 "한 처음에 말씀이 계셨다"라는 구절로 신교도들을 안심시켰다.

일에 한 번씩(제네바에서는 하루에 한 번씩) 올리는 신교의 정기 예배에서 관심의 초점이 되었고, 설교단은 신교 교회에서 눈에 잘 띄는 곳에 놓았다. 현대 세속 사회에서 '설교'는 지루함을 뜻하는 일종의 문화적 약칭이 되었다. 그러나 청중을 감동시키고 사로잡는 능란한 설교사들의 능력을 과소평가해서는 안 된다. 텍스트를 낭독하는 설교사는 눈총을 받았다. 제 값어치를 하는 설교사는 설교단 가장자리에 놓인 모래시계로 측정하는 설교 시간 내내 즉흥적으로 말했다. 종교개혁에 나선 가톨릭교회도 신도를 차지하기 위한 이 전투에서 설교의 가치와 중요성을 이해했다. 예수회는 설교에 능숙했고, 정교하게 조각한 설교단은 바로크 양식 성당들에 우아함을 더해주었다.

성사

가톨릭교들이 설교를 경시하지 않았다면, 신교도들은 성사를 경멸하지 않았다. 성공회 기도서에 첨부된 교리문답에서 성사는 "내적이고 영적인 은총의 외적이고 가시적인 표지"라고 기술되었다. 가톨릭교도들은 이것을 대체로 받아들일 만한 정의로 여겼을 테지만, '표지'라는 표현은 비웃었을 것이다. 그들에게 성사는 하느님이 인류에게 은총을 내리는 통상적이고 도구적인 통로였다. 그렇지만 양측 모두 성사를 인간이 만들어낸 의례가 아니라 창조주의 선물로 여겼다는 데는 의심의 여지가 없다. 오늘날 우리에게는 불가해 보일지 몰라도 성사를 둘러싼 종교개혁 논쟁은 길고도 신랄했는데, 성사 신학을 올바로 파악하는 것이 곧 인류에 대한 하느님의 의도를 이해하는 것이었기 때문이다. 또한 성사는 종교개혁이 얼마만큼 '의례적인 과정'이었는지, 개인뿐 아니라 집단까지 구원받기 위한 사회의 상징적 질서와 깊이 연관된 과정이었는지 드러낸다. 그리고 성사는 성직자의 영적 권위와 불가분하게 얽혀 있었다.

(트리엔트 공의회에서 공인받은) 가톨릭 전통은 성사의 수를 7개로 고정했다. 그중 5개는 요람부터 무덤까지의 여정을 축성하는 '생활 주기' 예식인 세례성사, 견진성사, 혼인성사(사제의 경우 성품성사), 병자성사였다. 나머지 2개는 정기적으로 은총을 갱신할 수 있는 원천인 고해성사(신자가 사제 앞에서 하느님께 죄를 고백하고, 사제가 하느님을 대신해 죄의 용서를 선언하는 성사)와 성체성사였다. 고해성사와 성체성사는 한 쌍을 이루었다. 중세에 가톨릭교도들은 미사에 매주 참례했으나 보통 부활절에만 영성체를 받아 모셨고, 그에 앞서 반드시 사제에게 죄를 고백해야 했다. 이 성사들 전부를 그리스도가 직접 정했다는 것을 받아들일 수 없었던 신교 개혁가들은 성사 목록

을 합리화했다. 사실 그들은 세례성사와 성체성사 두 가지만 남겨두었다—세례는 그리스도가 요르단 강에서 세례를 받은 데서, 성찬식은 그리스도가 십자가에 못박히기 전날 최후의 만찬에서 유래했다고 보았다. 루터는 초기에 고해까지 성사로 받아들였다가 나중에 세례성사와 성체성사에 추가하면 좋은 예식으로 고해의 위상을 강등시켰다.

세례는 입교식으로서 기독교도의 삶, 교회와 사회 구성의 근간을 이루었다. 가톨릭은 세례에 쓰이는 물이 원죄의 때를 '씻어내' 아이를 기독교도로 만들고 아이에게 영생을 누릴 자격을 준다고 가르쳤다. 그리고 이 교리에 따라 미처 세례받지 못하고 죽은 유아들은 축성받은 땅에 묻기를 거부했고, 그들의 영혼이 천국에 들어간다는 것을 부인했다. 신생아가 영벌을 받는다는 것은 제아무리 엄격한 신학자가 생각하기에도 지나친 귀결이었으므로, 가톨릭교회는 이 경우에 지옥을 영혼들이 고통받지 않는 중간 내세인 '림보(limbo)'로 대체했다. 개혁파 신학은 연옥과 더불어 림보를 성서에 위배되는 허구라고 여겼다. 구원에 세례가 필수라는 생각은 하느님의 자유로운 예정 선택과 모순되고 그 선택을 제한하는 것이기도 했다. 칼뱅파 교도들은 세례를 소중히 여겼지만, 어디까지나 은총을 확인하고 부모와 공동체의 신앙을 드러내 보이는 방편으로서 중시했다. 루터는 이신득의 교리와 원죄란 지울 수 없는 얼룩이라는 확신에도 불구하고, 구원에 세례가 필요하다는 생각을 고수했다. 루터파 교회들은 긴급 세례를 계속 베풀었는데(심지어 어떤 환경에서는 산파가 세례를 주었다), 특히 대중이 계속해서 요구했기 때문이다. 그렇지만 루터파와 칼뱅파는 성서에 명확한 근거가 없음에도 **유아** 세례 관행을 고집한다는 점에서 일치했다. 두말할 나위 없이 옳은 그들의 추론은, 유아 세례를 하지 않으면 교회가 그야말로 허물어지리라는 것이었다. 성서에 더 부합한 재세례파의 신학, 즉 세례를 성인이 자발적으로 신앙을 표명하는 예식으로 만든 신학은 성사를 집전하는 성직자의 힘을 약화하는 것으로 그치지 않았다. 그 신학은 교인 자격을 '선택적·분파적·소수결주의적인 자격으로 만들어 보편적인 사회 제도로서의 교회를 해체했다(아주 아이러니하게도 근대 서유럽에서 모든 주류 교회의 교인 자격이 그렇게 변해왔다).

고해 관행의 변화 역시 성직자의 권위를 위태롭게 했다. 중세에 교구 사제는 교구민들의 고해를 들음으로써 그들 개개인을 규제하고 목회자로서 감독할 기회, 종교적 지식을 시험하고 영적 조언을 건넬 기회를 얻었다. 개혁파 신교는 이 관행을 포기했다. 다만 칼뱅주의 목사들은 벼룩 잡으려다 초가삼간 태웠다며 이따금 애석해했고, 그러면서도 낙천적으로 평신도들에게 사적으로 '상의'할 일이 있으면 찾아오라고 권했다. 다른 측면들과 마찬가지로 이 측면에서도 더 보수적이었던 루터주의는 역사가들이 냉소적으로 말하는 '사회적 통제'만이 아니라 공동체 내부의 중재에도 고해가 유용하다는 것을 알아채고서 이 관행을 유지했다. 그동안 가톨릭 종교개혁은 전통적인 의무인 고해를 더 주기적으로 충실히 준수해야 한다는 생각을 주입시키고자 했다. 그럼에도 한 가지 주목할 만한 혁신이 있었다. 바로 16세기 후반 이탈리아의 발명품인 문으로 차단되고 안에 칸막이가 설치된 고해실이었다. 밀라노의 개혁적인 대주교 카를로 보로메오(Carlo Borromeo)가 홍보한 이 고해실은 머지않아 가톨릭 세계 전역으로 퍼졌다. 악폐(사제와 여성 고해자의 부적절한 접촉 같은)를 예방하도록 설계된 고해실은 양심과 죄책감, 죄의식 — 경건한 신교도들의 열렬한 자아성찰의 대응물 — 을 더욱 내밀하게 자각하는 데 도움이 되었을 것이다.

성찬식만큼 격렬한 논쟁의 초점이 된 성사는 없었다. 성찬식을 피해 갈 방도는 없었다. 그리스도는 최후의 만찬에서 빵을 떼어 주며 제자들에게(더 나아가 시간 속의 모든 신도들에게) "나를 기념하여 이 예식을 행하여라" 하고 지시했다. 또한 놀랍게도 제자들에게 "이것은 내 몸이다(this is my body)"라고 말했다. 종교개혁기 신학자들은 이 네 단어를 면밀히 검토했고, 각 단어의 정확한 의미를 두고 격론을 벌였다. 가톨릭의 성찬식 이해는 중세 후기와 종교개혁기 내내 한결같았다. 성찬식을 포함하는 미사 전례는 희생 제사였다. 더 자세히 말하면 십자가에서 스스로를 제물로 바친 그리스도의 희생을 계속해서 재연하는 제사였고, 따라서 연옥에 있는 영혼의 구원 같은 특정한 목표를 지향할 수 있는 어마어마하게 강력한 '역사(役事)'였다. 그와 동시에 미사는 회중에게 비할 바 없는 은총의 원천이었다. 제단에 선 사제가 그리스도를 따라 '성체 제정의 말씀'(이것은 내 몸이다)을 말하면 하느님이 문자 그대로 물리적으로 임재하고, 빵과 포도주는 현세의 식료품이기를 그치고 그리스도의 몸과 피가 된다. 사물의 '우연적 속성' 또는 외형과 '실체' 또는 참된 본질을 구별하는 아리스토텔레스의 논리를 적용하여, 신학자들은 그 과정을 '실체 변화'(transubstantiation)라고 불렀다(화체설化體說이라고도 한다). 그러나 신학자건 평신도건 '실체 변화'가 신앙으로 감각적 증거를 초월해야 하는 일상의 기적임을 알고 있었다. 미사가 절정에 도달한 순간에 사제는 축성된 '제병(祭餅, 라틴어로 hostia, 즉 제물)'을 높이 들고, 회중은 그것을 응시하며 조배한다.

　가톨릭교도들이 가장 신성시한 이 예식을 신교도들은 가장 불쾌하게 여겼다. 그리스도의 희생은 단 한 번뿐인 사건이었으므로 사제의 대리권을 통해 그 사건을 재연할 수 있다는 생각은 극악한 신성모독이었다. 이교도의 철학을 도용한 실체 변화는 스콜라주의의 허튼소리였다. 게다가 사람들을 꾀어 빵

조각을 섬기게 하는 우상 숭배이므로 결코 무해한 허튼소리가 아니었다. 초기 개혁가들 중에 츠빙글리는 성찬식을 가장 급진적으로 비판하고 재구성했다. 인문주의의 텍스트 분석 전통에 의지해 츠빙글리는 그리스도의 말씀을 은유적으로 이해해야 한다고, '~은 ~이다(is)'를 '상징한다'는 뜻으로 받아들여야 한다고 결론 내렸다. 성찬식은 하느님께 충실을 기하겠다는 맹세, 결혼반지 같은 뚜렷한 징표이지 실제 신성의 현현이 아니었다. 또한 츠빙글리에게 성찬식은 예루살렘에서 가진 최후의 만찬을 상기하는 기념 행사였고, 그런 이유로 성체를 받는 신자들에게 특별한 제병이 아닌 평범한 빵을 나누어주었으며, 거기에 더해 중세에는 축성된 성체를 행여 엎지를까 두려워 평신도에게 주지 않았던 포도주까지 주었다. 그러나 루터는 인문주의적 얼버무림에 시간을 쓰기 싫어했던 것과 마찬가지로 스콜라주의적인 실체 변화의 미묘한 논점들에 시간을 들이기 싫어했다. 그리스도는 "이것은 내 몸이다"라고 말했고, 문자 그대로를 뜻한 것이 틀림없었다. 루터는 이렇게 말했다. "그리스도께서 우리에게 똥을 먹으라고 명하신다면 나는 먹을 것이다." 루터의 성찬 교리는 때로 그가 사용한 적이 없는 용어인 공체설(consubstantiation) — 빵과 포도주는 그대로 있고 그리스도가 성찬 음식에 실제로 임재한다는 견해 — 이라고 불린다. 성만찬에 그리스도가 임재하는지 안 하는지, 임

6. 아드리안 이젠브란트(Adriaen Ysenbrandt)의 1532년 회화 〈성 그레고리우스의 미사〉는 중세 초기 어느 교황이 제단 위의 그리스도를 본 경험을 묘사하여 실체 변화 교리를 뒷받침한다.

재한다면 그 본질은 무엇인지를 두고 애초부터 합의하지 못
한 것은 신교의 통일에 큰 걸림돌이었으며, 독일과 스위스에
서 별도로 '루터파' 전통과 '개혁파' 전통이 형성된 주된 이유
였다. 헤센의 필리프는 루터와 츠빙글리의 불화를 해소하고자
1529년 마르부르크에서 둘의 회담을 주선했다. 루터는 도착하
자마자 협상 탁자에 분필로 "이것은 내 몸이다(Hoc est corpus
meum)"라고 적었다. 그걸로 회담은 물건너갔다.

칼뱅주의의 견해는 성찬식이란 일종의 기념 행사라는 츠빙
글리의 견해보다 조금 더 '고상'했다. 그것은 그리스도가 성
찬식에 틀림없이 임재하지만, 빵과 포도주에 물질적으로 임
재하는 것이 아니라 선택받은 이들이 합당하게 성체를 받을
때 그들의 영혼에 임재한다는 이른바 '성체 배령시 현존설
(receptionism)'이었다. 그러나 모든 개혁파 신교도는 (중세에
미사를 매일 올린 것과 대조적으로) 보통 1년에 네 번씩 경외하
는 마음으로 엄숙하게 '주의 만찬'을 거행했고, 돌 제단 앞이
아닌 나무 탁자 둘레에 모였다.

성체를 받아 모시는 것은 배령자들에게 강렬한 영적 경험
인 동시에 신교 세계에서나 가톨릭 세계에서나 매우 사회적
인 행위였다. 성체를 받을 권리는 공동체의 성인 구성원임을
나타내는 상징이었고, 이웃들과의 '애덕(charity)'에 달려 있었
다. 성체를 받는 순서에도 공동체 내부의 사회적 서열이 반영

7. 이 1570년대 잉글랜드 목판화는 신교도 남녀가 소박한 나무 성찬대 주위에 모여
(으레 받는) 빵에 더해 포도주까지 받는 모습을 보여준다

되었다. 종교개혁 이후 잉글랜드에서 소수 교회들은 성찬식에 쓰이는 포도주를 두 등급으로 준비하고 서민층에게는 싸구려 포도주를 주기까지 했다. 이 모든 일은 우연이 아니었다. 오래된 관례상 그리스도의 몸은 요소들이 서로 결합하여 (분화된) 통일체를 이루는 기독교 사회 전체를 나타내는 대표적인 은유였다. 종교개혁들을 거치면서 성찬식이 기독교 **분열**의 주된 근원이 되었고 여전히 그렇다는 것, 성찬식을 대하는 태도가 '교파' 정체성의 표징 역할을 해왔다는 것은 애석한 아이러니다. 트리엔트식 가톨릭교의 표징은 성체에 대한 공적인 신심을 강화했다는 것으로, 이를테면 성체 축일에 공개 행렬을 하며 성체를 운반했고, 교회에서 새로운 '40시간' 성체 조배를 하며 신심을 드러냈다.

임박한 종말

구원에는 개인의 운명보다, 심지어 지역 공동체의 운명보다도 넓은 차원이 있었다. 이 장의 도입부에서 약술한 기독교 서사에는 결론이 있다. 바로 그리스도의 재림, 세상의 종말, 새 하늘과 새 땅이다. 이 사건들은 성서의 묵시록 또는 그리스어로 아포칼립스(Apocalypse)에서 장관을 이루는 불투명한 이미지로 예언되었다. 묵시록은 신통찮은 시간표도 제공했다. 우주에서 그리스도에 적대하는 악마 ― 적그리스도 ― 가 1000년 간 갇혀 지내다가 세상으로 풀려나고 결국 선의 세력과 악의 세력이 최후의 결전인 아마겟돈(Armageddon)을 벌인다는 시간표였다.

신자들에게 다짐하는 약속도 있었다. 세상이 파괴되고 죽은 자들이 부활하기에 앞서 그리스도가 1000년간 지상을 다스리는 지복천년을 누릴 수 있다는 약속이었다. 천년왕국 몽상은 독일 농민 전쟁의 무정부 상태와 토마스 뮌처의 격정적인 설교를 부채질했지만, 다가오는 세계 종말에 대한 강렬한 관심은 (적어도 유럽에서는) 오늘날과 마찬가지로 전통적인 종교의 변두리에 있었던 괴짜들의 특권이 아니었다. 루터 본인이 "말세의 혼돈의 그림자 안에서" 살고 있다고 확신했다. 동시에 루터는 간계를 부리며 점점 더 활개를 치는 흐릿한 적그리스도의 정체를 확신했다. 루터에게 적그리스도는 사람이 아니라 제도, 바로 로마 교황직이었다. 이 동일시는 종교개혁 사상의 주요소가 되었고, 얼스터와 미국 같은 신교 세계의 일부 어두운 구석에서는 지금도 이 생각을 고수하고 있다. 세계의 역사는 빛의 세력과 어둠의 세력, 즉 신교와 가톨릭교의 종말론적 투쟁으로 해석되었고, 이 구도에 입각하면 프랑스 종교 전쟁이나 1588년 에스파냐 무적함대의 패배 같은 사건들을 쉽게 끼워 맞출 수 있었다. 대항–종교개혁에 직면해 빛의 세력이

8. 종말에 관한 알브레히트 뒤러(Albrecht Dürer)의 목판화 연작은 묵시록의 강렬한 이미지가 중세 후기와 근대 초기의 상상에 끼친 영향을 여실히 보여준다. 오른쪽 아래 (3층으로 된 관을 쓴) 교황에 주목하라.

후퇴하는 것도 설명이 가능했다. 적그리스도가 잠시 득세하고 있지만 신교의 최후의 승리는 보장되어 있었다. 신교의 종말론적 열성은 1618년 30년 전쟁의 발발과 더불어 최고조에 이르렀다. 그러나 이 뒤죽박죽 분쟁이 타협으로 종결되자 그 열성은 결국 수그러들었다. 천년왕국에 대한 기대는 17세기 후반에도 사라지지 않았지만, 주류 종교에서 그 기대가 서서히 빠져나간 과정은 종교개혁의 시대가 지나가고 있었음을 말해주는 또하나의 표지로 여길 수 있다.

제 3 장

정치

2003년 당시 영국 총리 토니 블레어(Tony Blair)가 어느 잡지와 인터뷰하던 도중 그의 종교적 믿음에 관한 질문을 받자 공보수석이 끼어들어 퉁명스레 말했다. "미안하지만 우리는 신을 섬기지 않습니다(I'm sorry, we don't do God)." 민주 세계의 다른 곳(특히 미국)에서는 정치가들이 신앙에 관한 발언을 덜 아끼긴 해도, 현대 서구 사회에서 '종교'와 '정치'가 본질적으로 별개 영역이라는 생각은 대체로 당연시된다. 신앙은 공적인 것이 아니라 사적인 것으로 이해되고, 사회정치적 결사를 정돈하는 원리가 아니라 특정한 집단과 개인의 문화적 자산을 나타낸다. 많은 서구인들은 (현대 이슬람 세계의 지역들에서처럼) 종교와 정치를 구별하지 않거나 못하는 태도를 당혹스럽고 위협적인 태도로 받아들인다. 종교개혁은 유럽 사회에서 정치와 종교가 갈라지기 시작한 이야기의 중심에 있었지만, 이 시기에 정치와 종교는 더욱 긴밀하고 명시적으로 융합되기도 했다. 16세기와 17세기 유럽에서 대다수 정치 당국들은 확실히 '신을 섬겼다'. 왕들은 신의 이름으로 통치했고, 그들과 (대부분의 시간 동안) 그들의 신민들은 사회 안에서 정치권력의 분배가 단순히 역사적 우연이나 합의된 세속적 관례의 문제가 아님을 받아들였다. 권위와 위계는 신성하게 정해진 것, 천계의 완벽한 사회를 지상에서 흐릿하게 반영하는 것, 하느님의 의중을 엿보게 해주는 것이었다. 왕의 대관식은 명백히 성스러운 행사였다. 사제들처럼 주권자들은 대관식에서 성유(聖油)로 '기름 부음'을 받았다. 정치권력에 대한 신의 승인을 기원하는 것은 중세 유럽 문화의 근간에 놓인 오래된 테마였다. 그러나 종교개혁은 그 테마에 새로운 자극을 주는 한편 그 테마를 좀먹을 잠재력을 지닌 새로운 도전을 제기했다. 이를테면 "'거짓된' 종교를 공언하는 국가 권력에 적절히 대응하는 길은 무엇일까?" 같은 의문을 제기했다. 종교개혁 시대에 등장하여 서로 경쟁한 정체성들은 처음부터 아주 중요한 방식으로 정치 과정과 뒤얽혔고, 그리하여 국가들 사이, 통치자들과 신민들 사이를 과거 어느 때보다도 명시적인 이데올로기적 관계로 만들었다. 실제로 종교개혁기는 이데올로기 정치가 대규모로 전개된 첫번째 시대였고, 16세기와 17세기에 이데올로기는 종교를 의미했다.

교회 만들기와 국가 건설하기

먼저 정신이 번쩍 들게 하는 사실부터 상기해보자. 종교개 혁기에 종교적 동맹을 결정한 단연 중요한 요인은 새로운 복음의 솔깃한 호소력도, 가톨릭교회 성사의 마음을 편하게 해주는 인력도 아니었다. 분열된 서방 기독교권의 종교 지도는 (독일의 원칙인 '그의 영토에 그의 종교cuius regio, eius religio'를 보편적으로 확장하여) 근본적으로 당국의 바람대로 결정되었다. 초기의 소란과 열광이 잦아든 이후, 프로테스탄트 종교개혁은 궁극적으로 기존 정부의 뒷받침과 허락을 받은 곳에서는 승리했고, 그렇지 않은 곳에서는 패배했다. 물론 중요한 예외들이 있었다. 네덜란드에서 신교를 믿는 독립국은 왕조의 적법한 통치자인 에스파냐의 펠리페 2세에 맞서 민족적 저항을 하는 가운데 형성되었다. 스코틀랜드에서 칼뱅주의 교회는 가톨릭파 여왕 메리 스튜어트의 바람에도 불구하고 우세를 점했다. 이와 반대로 아일랜드에서 신교를 강요하려던 튜더 정부와 스튜어트 정부의 연이은 시도는 민중의 무관심과 산발적인 저항에 부딪혀 실패했다. 그럼에도 나머지 영역에서는 대

체로 보아 당국이 종교를 결정하는 패턴이 유효했다. 결국 종
교적 '접경'이 얼추 지리적 경계를 따라 안정되긴 했지만, 북
유럽은 어떻게 해서든 신교가 될 운명이었고 남유럽은 벌을
받아 가톨릭교로 남았다는, 과거로부터 물려받은 생각을 버리
는 것이 중요하다. 학자들은 각자의 문화적 편견을 부지불식
간에 객관화하여 잉글랜드에서 종교개혁의 승리는 불가피했
고, 1550년대에 반전을 꾀한 메리 튜더의 시도는 역사의 조류
를 거슬러 헤엄치려는, 실패하기 마련인 시도였다고 생각하곤
했다. 그러나 이제는 메리의 치세에 장기적으로 가톨릭교를
되살릴 토대가 놓였다는 주장, 잉글랜드가 훗날 신교 국가가
된 것은 잉글랜드인의 종교적 DNA가 아니라 여왕의 때 이른
죽음 때문이었다는 주장이 널리 인정받고 있다. 에스파냐에서
종교개혁이 실패한 원인으로 종교 축제, 성주간 행렬, 동정녀
마리아 숭배 따위를 좋아하는 어떤 민족 차원의 유전적 소인
을 꼽는 것도 똑같이 잘못이다. 이곳에서 신교의 초기 소요는
국가 권력의 수단인 에스파냐 종교재판에 의해 무자비하고도
효율적으로 진압되었다. 우리가 시대착오적으로 '여론'이라
부르는 것이 당시에 무시해도 무방한 요인이 아니기는 했지
만(특히 자치 도시들에서), 국가 당국들은 종교개혁을 받아들일
지 말지를 결정했고, 그 결정은 당연히 정치적 계산이었다.

　무엇에 근거하여 그 계산을 했을까? 종교개혁은 깔끔하게,

어쩌면 너무나 깔끔하게 유럽의 정치적 변화라는 더 넓은 서사로 미끄러져 들어간다. 그 이야기는 투박하지만 용인할 만한 약칭으로 민족-국가의 대두라고 부를 수 있다. 중세 후기에 서유럽과 중부 유럽 전역에서 세속 통치자들은 각자의 권위를 공고히 다지고 중앙으로 집권화하는 한편 자기 영토에 있는 교회의 운영에 점점 더 직접적으로 개입하고 있었다. 교황이 유럽 전역에서 교회를 직접 통제하고 왕들과 황제들에게 조건을 들이미는 보편적인 영적 군주정을 향한 교황의 열망은 12세기에 최고조에 달했고, 16세기 초입에 거의 사그라졌다. 르네상스기 교황들은 좀더 겸손하게 로마 일대의 고분고분하지 않은 교황령을 다스리는 일과 이탈리아 반도의 미시정치에 관심을 쏟았다. 이탈리아 밖에서 그들은 교리에 대한 권위를 존중받고, 합의하에 국교회들의 재정·경영 업무에 어느 정도 관여하는 수준으로 만족했다. 교황들이 그 잔여 권력과 영향력마저 이따금 부인당한 일은 유럽 국가들이 자주성을 키우고 성숙해가는 자연스러운 과정의 일환으로 보였다. 그럼에도 종교개혁에 제일 먼저 진지한 열정을 보인 지역 통치자들은 기존 국가의 군주들이 아니라 그렇게 되고픈 이들, 즉 황제의 명목상 종주권 아래 크기로 보나 실속으로 보나 왕국이라기엔 미흡한 독일 영지를 통치하던 제후들이었다. 그 연관성에는 그럴 만한 이유가 있었다. 독일 제후들은 척 보기에도 루터의 대의를 받아들여 얻을 것이 많았다. 정치 면에서 그들은 자기 영토에 있는 교회의 행정을 통치기구에 통합하여 교회에 대한 통제를 강화하는 한편 황제를 상대로 책략을 구사할 자유를 더 많이 주장할 수 있었다. 재정 면에서 그들은 (비교적) 떳떳한 마음으로 성직자에게 세금을 부과하고 수도원의 땅과 기부금을 몰수하여 교회의 부를 강탈할 수 있었을 것이다. 적절한 사례로는 독일 서남부 뷔르템베르크의 통치자 울리히 공작이 있다. 그는 공작령 내 모든 교회 자산의 4분의 3을 몰수했고, 그의 대리인들은 교회 제단화에서 이금(泥金)을 긁어냈다. 게다가 가톨릭이 예부터 교회의 권리와 자유를 고집한 데 비해 루터의 신학은 두드러지게 통치자 친화적으로 보일 여지가 있었다. 1525년 반역자 농민들에 격분하며 분명히 드러낸 대로 루터는 정치 질서의 본능적 옹호자였고, 성 바울로의 경고(로마서 13장 1절)를 매우 중시했다. 바울로는 기독교 신자들이 기존 권위에 복종해야 한다고 말했는데, "세상의 모든 권위는 다 하느님께서 세워주신 것이기" 때문이었다. 루터는 알랑거리는 정치적 아첨꾼이 아니었다. 루터는 세속 권력을 일종의 필요악으로 여겼고, 1523년 논저 『세속적 권위에 대하여: 어느 정도까지 복종해야 하는가Von weltlicher Obrigkeit: wie weit man ihr Gehorsam schuldig sei』에서 제후들을 "대개 세상에서 제일 멍청한 바보들이거나 제일 나쁜 악한들"이라고 불렸고, 그들의 직분은 "하느님의 간수와 교수형 집행인"으로서 일하는 것이라고 말했다. 루터 교회론의 출발점은, '참된 교회'는 의화된 기독교인들의 심장들과 영혼들의 보이지 않는 연합이므로 모든 세속적 강압과 통제를 넘어선다는 것이었다. 그렇다 해도 세상에는 인간의 불의라는 지저분한 수렁이 남아 있었고, 그것을 억제하고 통제하는 것이 제후들(선해야 이상적이지만 꼭 그렇지는 않은)의 과업이었다. 이따금 '두 왕국론'이라 불리는 것에서 루터는 '하느님의 왕국'은 신께서 어련히 다스리실 테지만 교회 조직의 외형을 포함하는 '세속의 왕국'은 적법한 정치적 강제의 영역이라고 보았다. 그런 이유로 루터는 1528년 선제후 요한의 '순시' 요청을 받아들여 작센으로 향했고, 그곳에서 제후의 후원을 받으며 현지 교구들에 종교개혁을 도입할 준비를 하고 국가 행정의 한 부문인 영역 교회를 설립했다.

인간의 동기에 대한 냉소주의는 어느 선을 넘으면 순진한 태도가 되기 십상이다. 자기 영토를 종교개혁으로 이끈 통치자들 모두가 순전히 냉철한 정치적 계산에 근거하여 그렇게 행동했다는 것은 어불성설이다. 우선 그들은 상당한 위험을 감수해야 했다. 잉글랜드 왕과 스웨덴 왕은 민중이 일으킨 심각한 가톨릭 반란에 직면했고, 독일 제후들의 경우 황제의 분노는 가볍게 여길 문제가 아니었다. 헤센의 필리프와 작센의 요한 프리드리히처럼 신교의 대의를 헌신적으로 지지한 이들은 1530년대와 1540년대에 교회 수입을 몰수해 얻은 이익보다 많은 비용을 외교와 군사 부문에 지출했을 공산이 크다. 특히 요한 프리드리히는 자신의 이데올로기적 기개를 입증해 보였다. 1547년 황제군이 압승을 거둔 뮐베르크 전투에서 포로로 잡힌 그는 신교를 철회하지도, 아우크스부르크 잠정협약을 인정하지도 않은 채 추방과 투옥을 감수했다. 이와 반대로 제 잇속을 차리기 위해 종교 정책을 추진한 가장 노골적인 사례는 1530년대 초에 결혼생활의 문제를 해결하고자 교황의 권위에 반대할 이유를 찾아낸 헨리 8세이리라. 그러나 이런 헨리조차 자신이 신의 뜻에 부합하게 행동한다는 것을 진심으로 믿었던 것으로 보인다.

종교개혁과 대항-종교개혁의 정치가 명약관화한 경우는 좀처럼 없었다. 어느 신앙이 진리냐는 문제는 제쳐두더라도, 가톨릭의 우리를 떠나는 통치자들이 과연 그 우리 안에 머무는 통치자들보다 정치권력과 재정권력을 강화할 기회를 더 많이 누릴 수 있을지가 확실치 않았다. 유럽의 국가 군주들 가운데 가장 강력했던 프랑스 왕들은 가톨릭교회의 예식과 의례 덕에, 그리고 수세기 전에 교황이 그들에게 수여한 '가장 가톨릭다운 왕들'이라는 칭호 덕에 막대한 영예를 얻었다. 사실 프랑스 군주들을 종교개혁으로 끌어들일 정치적 유인은

거의 없었다. 1516년에 교황과 체결한 협정 조건에 따라 그들
은 프랑스 가톨릭교회 내에서 성직자에게 과세하고 성직 임
명을 통제하는 중요한 권리를 이미 누리고 있었기 때문이다.
에스파냐의 사정도 거의 같았는데, 이곳 통치자들은 1492년
이베리아 반도에서 무슬림의 마지막 근거지였던 그라나다를
함락하여 교황으로부터 '가톨릭 부부왕' 칭호를 받은 터였다.
교황에게 얻어낸 다른 권리로는 강력한 종교재판소를 설립하
고 통제할 권리(1478), 그리고 새로 발견한 아메리카 영토에
서 모든 성직을 임명할 권리(아주 실속 있는 권리로 밝혀졌다) 등
이 있었다. 카를 5세와 펠리페 2세는 의심할 나위 없이 진심
으로 독실했지만, 그들의 가톨릭교가 통치자로서 그들의 영향
력을 저해했던 것은 아니다. 신교의 위협으로 인해 가톨릭 군
주들은 교황과의 협상에서 유리한 위치에 서기도 했다. 예를
들어 스코틀랜드의 제임스 5세는 로마에 충성하는 대가로 교
회에 과세하는 수익성 좋은 권리를 요구할 수 있었다. 신교에
포위된 독일에서 가톨릭교의 기수였던 바이에른 통치자들은
16세기 후반에 사실상 자율적인 국교회를 폭넓게 통제할 권
리를 받았고, 자체 성직자 위원회를 통해 국교회를 운영했다.

　20세기 후반에 우리는 '개인적인 것은 정치적인 것'임을 인
정하라는 압박을 받았다. 16세기 후반에는 신심이 정치적이
었다. 바이에른 공작 막시밀리안 1세(재위 1598~1651)가 신

민들에게 항상 묵주를 휴대하라고 명령한 것, 그리고 금요일에 고기를 먹는 신민들을 벌금형에 처하거나 웃음거리로 만든 것은 곧 자신이 이끄는 체제의 종류에 관해, 그리고 신민들이 통치자의 우선순위에 진심으로 얼마만큼 동조해야 하는지에 관해 진술한 것이었다. 이 과정을 가리키는 역사가들의 전문용어가 있다. 1970년대 이래 학자들은 정치적 중앙집권이 강화되던 시대에 종교개혁과 국가 건설 의제가 어떻게 교차했는지를 기술하고자 '교파화(confessionalization)'라는 용어를 사용해왔다. 이 논증은 16세기 후반과 17세기에 유럽 전역에서 신교 진영과 가톨릭 진영을 막론하고 정치 당국들이 각자의 영토 내에서 신민들에 대한 통제를 강화하는 방도로서 단일한 기독교 '신앙고백'을 열심히 장려하고 다른 대안들을 억압했다는 것이다. 여기서 신앙고백(라틴어로 인정한다는 뜻인 콘페시오confessio)은 16세기 중엽부터 유럽에서 종교적 분열이 굳어지고 뚜렷해지는 가운데 작성된 다양한 신앙고백들, 또는 규정된 교리에 대한 진술들을 가리킨다. 경합하는 교파들의 구성원들은 점점 더 자기네 교회의 가르침에 문화적·정치적으로 동조하고 그 가르침이 무엇인지 알 것으로 기대되었다. 루터파는 1530년 아우크스부르크 신앙고백과 1580년 협화서(Book of Concord)를 중심으로 결집했다. 개혁파에게는 1536년과 1566년의 이른바 헬베티아 신앙고백과 1619년에

도르드레흐트 시노드에서 채택한 칼뱅주의 정통 신조가 있었다. 가톨릭파에는 트리엔트 공의회의 교령들이 있었다.

우리 현대인들의 직관과 반대로, 당시 종교는 근대화의 동인으로서 더욱 균일하고 고분고분한 사회, 루터파, 칼뱅파, 로마 가톨릭파 모국과 공명하는 애국적이고 경건한 의식으로 가득한 사회를 만들어내는 데 이바지했다. 오직 교회만이 모든 읍과 마을에 종신 대리인들을 두고 있었고, 그들은 설교단이나 고해실을 통해 모든 신민의 양심에 닿을 잠재력을 지니고 있었다. 이런 이유로 근대 국가의 발전에서 종교 통제는 심지어 군사력 독점이나 운용 가능한 조세 제도보다도 필수적이었다는 주장이 제기되어왔다. 교파화는 자동 공정이 아니라 움직이게 해야 하는 공정이었다. 민중의 종교적 문화는 대개 지역색을 완강히 고수했고, 전통에 따라 규제되었고, 관점이 수동적이고 교리에 얽매이지 않았다. 그래서 교회와 국가 당국은 사람들을 기대치까지 끌어올리기 위해 협력하는 가운데 그들에게 설교나 주일학교, 또는 교리문답 수업에 참석해 정통 교리를 배우라고 요구했다—세 방법 모두 신뢰할 만하고 제대로 교육받았고 마을의 경계 너머까지 조망할 수 있는 성직자 조직의 적극적인 참여를 필요로 했다. 바람직한 결과는 '사회적 규율'이었다. 다시 말해 각양각색의 기독교도들이 신앙을 내면화하여 모범 신민, 윗분들의 우려를 사는 방종하거

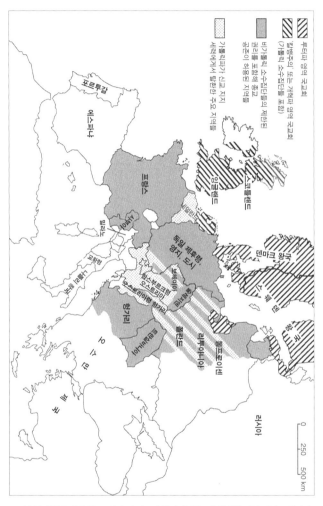

루터파 영역 국교회

칼뱅주의 또는 개혁파 영역 국교회
(가톨릭 소수집단들 포함)

비가톨릭 소수집단들의 제한된
권리를 포함해 종교
공존이 허용된 지역들

가톨릭파가 신교 지지
세력에게서 탈환한 주요 지역들

포르투갈

에스파냐

프랑스

아일랜드

잉글랜드

스코틀랜드

네덜란드

에스파냐령 네덜란드

독일 제후령
영지, 도시

합스부르크령
오스트리아

오스트리아령 헝가리

스위스

헝가리

트란실바니아

폴란드

덴마크 왕국

스웨덴

리투아니아

동프로이센

이 탈 리 아

교 황 령

러시아

0   250   500 km

9. 1600년경 유럽의 종교·정치 지도는 더 분명해진 '교파' 경계를 따라 나뉘고 있었다.

나 음란하거나 미신적인 행위에 덜 빠지는 신민이 되는 것이었다.

'교파화 테제'의 장점은 교리에 집착하는 구식 종교개혁 모델에서 벗어나게 해준다는 것, 종교개혁을 보다 객관적인 사회학적 관점에서 바라보게 해주고, 프로테스탄트 종교개혁과 가톨릭 종교개혁이 서로 얼마나 닮았고 목표와 방법을 얼마나 공유했는지를 올바로 인식하게 해준다는 것이다. 그러나 종교의 '기능'을 강조하다가 내용을 간과하고, 16세기와 17세기에 사람들이 의미를 부여했던 각 종교의 별나고 특이한 점들을 뭉개버리는 등 교파화 이론에는 단점도 있다. 또한 이 테제를 모든 경우에 두루 적용할 수 있는지도 의문이다. 교파화는 독일 신교 국가들과 스웨덴 같은 예외적인 국가들에는 확실히 잘 들어맞는다. 또한 절대주의를 지향한 루이 14세의 노선을 가톨릭의 선의로 포장한 17세기 프랑스에 적용하는 것도 타당해 보인다. 그러나 가톨릭 세계에서 교회와 그 제도가 국가 기구로부터 어느 정도 독립되어 있었던 다른 지역들에서 일어난 변화를 교파화라고 지칭하는 것은 더 곤란한 문제다. 트리엔트 공의회의 개혁안—예컨대 주교들을 그들의 교구에 상주시키는 방안—은 주교직을 부하들에게 주는 보상으로 계속 이용하려던 가톨릭 통치자들의 우선순위와 실제로 충돌했다. 더욱이 유럽에는 교파화 모델을 전혀 적용할 수 없어 보이는 중요한 지역들, 이를테면 잉글랜드와 네덜란드처럼 이미 17세기에 종교 면에서 다원적이면서도 정치 면에서 충분히 발전하는 데 성공한 국가들이 있었다. 종교개혁기의 정치와 관련하여 '국가 건설'에 지나치게 집중하면 아주 중요한 현상이 가려질 우려도 있다. 그 현상이란 종교적 믿음과 열성이 주권자들의 이해관계를 해치고 전복할 가능성, 국가 건설에 해로운 장기적인 분쟁을 야기할 가능성이었다.

종교 전쟁

종교개혁기는 유럽에서 이데올로기 전쟁이 거의 끊이지 않은 시대였고, 국가들이 영토 확장 또는 주권자의 명예와 영광이 아닌 다른 이유로 서로 싸운 첫 시대였을 것이다. 외국의 이교도들과 (간혹) 국내의 이단자들을 겨냥한 십자군을 특수한 예외로 치면, 중세 통치자들이 실제로 종교적 이유로 전쟁을 치른 적은 없었다. 비록 교황이 관여한 정치·군사 동맹들에 항상 '신성 동맹'이라는 이름이 붙기는 했지만 말이다. 16세기와 17세기의 분쟁 중에 정치나 경제, 왕조의 고려사항에 전혀 영향을 받지 않은, **순전히** 종교적인 이유로 벌어진 분쟁을 찾기란 불가능하진 않더라도 어려울 것이다. 그러나 종교적 경쟁은 그런 경쟁이 없었을 경우와 비교해 국가들 내부와 사이에서 발생한 분쟁이 더 길어지고, 피로 더 얼룩지고, 더 악랄해진 원인이었다. 종교개혁기 최초의 종교 전쟁이라 말할 수 있는 분쟁은 군사적 에너지와 전문지식의 단련장이자 오랫동안 강인한 용병 부대의 수출지였던 스위스 연방에서 1529년에 발생했다. 스위스에서 느슨하게 연합하던 자치주들의 협력은 일부 주들이 신교를 채택하고 그에 대항해 나머지 주들이 가톨릭교를 고수함에 따라 허물어졌다. 이런 상황에서 주들이 공동 행정을 위해 체결했던 기존 합의들이 깨지고 전쟁이 선포되었다. 1531년 재개된 전쟁은 훌드리히 츠빙글리의 목숨을 앗아갔는데, 전투에서 싸우다가 죽은 일류 신학자로는 츠빙글리가 유일할 것이다. 이 무렵부터 우리는 종교 전쟁이라 불러도 무방할 만큼 이데올로기적 요소가 두드러졌던 주요 무장분쟁들을 추려서 그 안타까운 목록을 길게 나열할 수 있다. 예컨대 1547년과 1552~1555년 카를 5세와 독일 신교 제후들의 분쟁, 1562~1598년과 1610~1629년 프랑스에서 일곱 차례 발발한 '종교 전쟁', 1567~1648년 네덜란드의 지난한 반란, 1559~1560년과 1567~1573년 스코틀랜드 내전, 1585~1604년 엘리자베스 시대 잉글랜드와 에스파냐의 전쟁, 1560~1603년 아일랜드의 산발적인 전쟁과 반란, 1618~1648년 30년 전쟁, 1637~1654년과 1688~1690년 영국 내전과 아일랜드 내전, 1702~1711년 루이 14세가 진압한 위그노들의 유혈 반란 등이 있다. 전쟁이야 늘 혐오스럽기 마련이지만, 이데올로기적 분쟁은 특히 잔혹행위를 유발하곤 한다. 1570년대에 네덜란드 반란자들은 가톨릭 사제와 수사를 표적으로 삼았고, 1649년 아일랜드를 재정복하는 동안 올리버 크롬웰(Oliver Cromwell)의 병사들은 도회지의 가톨릭 주민들을 살육했다. 가장 악명 높은 사건을 하나만 꼽자면, 프랑스에서 네번째 종교 전쟁을 예고한 1572년 8월 24일 성 바르톨로메오 축일의 학살일 것이다(유럽 신교권에서 단연 악명 높은 학살이었고, 신교도들은 이 사건을 끈질기게 기억해 대대로 전했다). 조마조마하고 위태위태한 평화가 이어지던 가운데 위그노 지도자 가스파르 드 콜리니(Gaspard de Coligny)를 암살하려던 시도가 실패로 돌아가자 샤를 9세와 강력한 황태후 카트린 드메디시스는 위그노파의 예상되는 보복에 선제 대응하기로 마음먹었다. 가톨릭 폭도는 자신들 배후에 국왕의 권위가 있다고 믿고서 파리에서 위그노 이웃들을 공격해 사흘간 잔혹하게 살육했고, 뒤이어 학살의 물결이 프랑스 전역의 다른 도시들로 퍼져나갔다. 최소로 추정하면 파리에서 남녀노소 2000명, 다른 지방들에서 3000명이 살해되었다. 폭력은 극단적이었고 흔히 의례적이었다. 시체를 훼손했는가 하면 임산부의 내장을 끄집어내기까지 했다. 이단은 시민들에게서 씻어내야 할 오염물질, 역병으로 간주되었다. 교황 그레고리우스 13세는 신교도들에게 닥친 이 재앙에서 하느님의 손길을 보았고, 이 사건을 기념하는 메달을 주조하라고 지시했다.

그러나 결국 거짓된 신앙이라는 문제를 해결할 군사적 방책은 없었다. 종교 전쟁이 한쪽의 완승으로 끝나는 경우는 거의 없었고, 십중팔구 종전을 위해 교전국들이 문자 그대로 합의를 보아야 했다. 산발적인 전쟁과 내전은 유럽 여러 국가들에서 단단히 자리잡은 소수파들을 남겼다. 이를테면 네덜란드북부, 잉글랜드, 아일랜드에 가톨릭파가 있었고(아일랜드에서는 다수였다), 프랑스에 신교파가, 다른 교파가 지배적인 독일국가들에 다양하게 조합된 루터파, 가톨릭파, 칼뱅파가 있었다. 공식적으로 적대적인 환경에 있는 같은 교파 소수집단을보호하는 것은 외교의 공인된 목표가 되었다. 제국 내에서 양심의 자유와 사적 숭배의 자유 같은 권리들을 승인받지 못했다면, 어느 쪽도 30년 전쟁을 종결지은 조약들을 받아들이지않았을 것이다. 여기에 진짜 아이러니가 있는데, 종교적 용인그 자체를 절대선으로 여긴 이는 사실상 아무도 없었기 때문이다. 그러나 종교적 반대파를 제거할 수 없다면 평화의 대가로 타협해야 했고, 그리하여 전쟁의 예기치 못한 결과로 용인이 자리잡았다. 이런 이유로 지난날 종교개혁들이 단호히 고수하고자 했던 가정들 중 일부—종교적 충성과 정치적 충성의 융합, 기독교 문화와 시민사회의 완전한 일치—가 서서히

흐트러지기 시작했다. 엘리자베스 시대나 스튜어트 시대 잉글
랜드에서 가톨릭교도들이 '민간' 문제에서 국왕에 대한 완전
한 충성에 항의했을 때, 그들은 암묵적으로 정치 영역과 종교
영역의 분리를 제안한 것이었고, 국가의 권위가 침범하지 말
아야 할 공간의 경계를 정한 것이었다.

저항 노선들

종교적 소수파를 마지못해 공식 용인한 것이 종교 분쟁의
혼란스럽고 실용적이고 예기치 못한 결과였다 할지라도, 종
교개혁은 더 직접적이고 자의식적인 방식으로 정치적 권위의
기존 위상에 도전하기도 했다. 상이한 종교적 신념을 가진 신
민들이 통치자에게 항거한 것은 그 자체로 보면 정치적 사실
이었지만, 내심 그들은 자신들이 취하는 조치가 법적·도덕적
으로 정당하다고 느끼기를 원했다. 그 결과 또하나의 중대한
국면이 전개되었다. 다시 말해 정치적 복종의 한계가 전례없
이 이론화되었고, 종속 집단의 저항에 관한 성숙한 이론들이
명료하게 표현되었다.

물론 반란은 16세기에 새로운 현상이 아니었고, 예로부터
반도(叛徒)는 늘 대의뿐 아니라 구실까지 필요로 했다. 그들
의 고전적인 구실은 실은 주권자에 대항하는 반란이 결코 아

니라는 것이었다. 그들은 주권자를 그릇된 길로 이끄는 데 성공한 부패하고 사악한 고문들로부터 그를 보호하고자 행동에 나섰다고 주장했다. 이런 둘러대기는 종교개혁 시대에도 건재했다. 일례로 1536년 헨리 8세의 정책에 맞서 '은총의 순례(Pilgrimage of Grace)' 봉기를 일으킨 요크셔의 가톨릭 반도는 이런 논증을 폈다. 그러나 일관된 이데올로기적 항거의 토대가 되기에 이 논증은 타당해 보이지도, 실용적이지도 않았다. 저항 문제에 대한 진지한 논쟁은 독일의 루터파 진영에서 카를 5세의 적의에 직면한 신교 제후들이 이런저런 선택지를 고려하면서 시작되었다. 루터파 신학자들은 정치적 복종에 관한 교리와 입헌 이론을 절묘하게 결합했다. 그들에 따르면 모든 통치자에게는 참된 종교를 보호하고 보존해야 한다는 피할 수 없는 의무가 있었다. 그와 동시에 독일 제후들은 황제와 공동으로 제국의 좋은 질서를 책임져야 했다. 만일 황제가 참된 종교를 지탱하는 의무를 게을리하면, 적그리스도 교황의 꼭두각시 역할을 하면, 그에게 적법하게 저항할 수 있었다. 이것은 무정부 상태를 가져오는 비법이 아니라 '하급 판사들'이 상급 판사에게 해명을 요구할 수 있는 일련의 상황을 좁게 규정한 것이었다.

칼뱅의 입장도 두드러지게 유사했다. 일각의 견해와 달리 칼뱅은 원칙에 입각한 저항을 지지한 혁명가가 아니었다. 『기독교 강요』에서 칼뱅은 일부 국가들의 헌법에 따라 "인민의 자유의 수호자들"이 (고대 스파르타의 민선장관이나 로마의 호민관처럼) 폭정을 막아내는 일을 용인받는다고 말했을 뿐이다. 신중하게도 칼뱅은 근대 왕국들의 신분제 의회 또는 의회가 '아마도' 그 기능을 수행할 것이라고 덧붙였다. 그러나 칼뱅이 '거짓된' 숭배의 참상을 집요하고도 신랄하게 비난하고 참된 기독교도라면 그것을 멀리할 의무가 있다고 역설한 것은 적어도 소극적인 저항과 시민 불복종을 권유한 것이었다. 칼뱅의 추종자들 중 일부가 칼뱅의 입장보다 덜 모호하고 더 급진적인 논증을 개진한 까닭은 독일의 연방 권력구조를 결여한 지역들에서 실제로 박해를 당하고 대항-종교개혁이 시작되자 그에 대응하기 위해서였다. 메리 튜더의 잉글랜드에서 피신한 3인조 크리스토퍼 굿맨(Christopher Goodman), 존 녹스, 존 포넷(John Ponet)은 신앙심 없는 통치자일지라도 (성 바울로의 말대로) "하느님께서 세워주신" 것이라는 생각에서 극적으로 탈피했고, 사악한 통치자는 전복되거나 심지어 살해될 수도 있다고 결론지었다(폭군 살해론). 일부 프랑스 칼뱅파도 같은 노선을 따라갔다. 필리프 뒤 플레시모르네(Philippe du Plessis-Mornay)는 『폭군에 대한 권리주장Vindiciae contra tyrannos』 (1579)에서 신앙심 없는 군주는 하느님 그리고 인민과 맺은 언약의 조건을 위반하여 통치권을 몰수당한다고 주장했고, 스코틀랜드인 조지 뷰캐넌도 비슷한 결론에 이르렀다. 이 신념은 곧이어 네덜란드에서 실행에 옮겨져, 1580년 반란 지도자 오라녜공 빌럼은 주권자 펠리페 2세가 그간 왕의 의무를 게을리했다고 공공연히 비난했다. 17세기에 잉글랜드 신교도들은 두 명의 국왕, 즉 찰스 1세와 제임스 2세를 폐했다. 전자는 신교도로서 불충분하다는 이유로, 후자는 로마 가톨릭교로 개종했다는 이유로 퇴위당했다(양심이 연약한 일부 사람들은 제임스 2세가 잉글랜드를 탈출함으로써 '왕위를 포기했다'는 허구 뒤에 숨었다).

저항론은 신교의 전유물이 아니었고, 가장 급진적인 도전 중 일부는 가톨릭측에서 나왔다. 교황들은 오래전부터 모든 세속 군주보다 높은 지위와 극단적인 상황에서 그들을 직위에서 물러나게 할 권리를 주장했다. 중세 말에 교황의 '폐위권'은 효력이 거의 없었지만 종교개혁을 계기로 회생할 조짐이 보였다. 1534년 아일랜드에서 카리스마 있는 젊은 백작 킬데어의 주도로 헨리 8세에 맞서 일어난 반란은 중세 후기 정치적 항의의 관례에서 탈피한 초창기 사례였다. 킬데어는 헨리에 대한 충성을 거부했고, 아일랜드를 교황이 직접 주권을 행사하는 곳으로 바꾸려 했다. 훗날 튜더 시대에 역시 성공하지 못한 반란—1569년 엘라자베스 1세에 대항한 북부 백작들의 반란—은 교황 비오 5세에게 폐위권을 다시 꺼내들 것을 촉구했다. 비오 5세는 1570년 교서 『레그난스 인 엑첼시스 Regnans in Excelsis』("하늘 높은 곳에서 다스리시는")에서 엘리자베스는 파문당한 이단자라고 선언했고, 잉글랜드 신민들에게 여왕에 대한 복종을 철회하라고 명했다―그 이후 오랫동안 이문서 때문에 잉글랜드에서 가톨릭교도들의 삶이 힘겨워졌다. 뒤이어 이탈리아인 로베르토 벨라르미노(Roberto Bellarmino), 에스파냐인 프란시스코 수아레스(Francisco Suarez), 잉글랜드인 로버트 퍼슨스(Robert Persons) 같은 예수회의 주요 신학자들이 폭군 살해를 정당화하는 논변을 개진하여 칼뱅주의의입장을 따라잡았다. 16세기 후반 프랑스의 경우 위그노파와의 정치적 타협에 저항하여 결성된 전투적인 가톨릭 연맹이갈수록 '정치적'으로 변해가는 국왕의 입장에 분통을 터뜨리고 있었고, 이런 상황이 신교도들만큼이나 가톨릭교도들까지추동한 주된 요인이었다.

1588년 앙리 3세가 가톨릭 연맹의 지도자 기즈 공을 암살하라고 명령한 이후, 설교사들은 폭군 앙리를 타도할 것을 공공연히 촉구했다. 이 시기에 폭군 살해는 이론으로 보나 실천으로 보나 가톨릭의 장기가 되었다. 국가 수장을 근대식으로처음 암살한 사건은 1584년 델프트에서 프랑스인 가톨릭교도가 오라녜 공 빌럼을 총격한 일이었다. 프랑스의 앙리 3세와앙리 4세는 각각 1589년과 1610년에 광신적인 가톨릭교도의

10. 1590년 전투적인 반왕당파 프랑스 가톨릭 연맹의 행렬. 중무장한 사제들과 수사들의 모습이 눈에 띈다.

칼에 찔려 죽었다. 그리고 잉글랜드의 제임스 1세는 1605년에 더욱 극적인 결말을 맞을 뻔했지만, 교황파 공모자들이 엄청난 양의 화약으로 의회를 날려버리려던 음모를 실행 직전에 파악해 가까스로 위기를 모면했다.

종교 전쟁이라는 대변동이 잦아든 뒤 즉각 나타난 종교개혁의 결과는 정치적 권위의 강화와 공고화였다. 주목할 만한 몇몇 예외(잉글랜드와 네덜란드 같은)를 빼면, 17세기 후반 유럽 국가들의 기조는 '절대주의'였고, 대의기구는 쇠퇴했으며, 군주의 구속받지 않는 권력 행사가 절대선으로 제시되었다. 저항 이론들은 폭력적이고 분열적이었던 가까운 과거의 산물로서 한물간 것이 되었다. 그러나 통치자, 피치자, 신의 3자 관계의 계약적 측면에 근거하여 숙고한 끝에 정치적 불순종에 대한 정당화를 정식화한 논변들은 미래에 아주 중요했다. 물론 정당화 논변을 창안한 이들의 목표는 민주정 수립이나 정치적 자유 그 자체가 아니라 '우상 숭배'와 '이단'의 근절이었다. 그럼에도 그 작업들은 18세기에 미국 혁명과 프랑스 혁명에 영향을 끼쳤고, 그리하여 새롭고 판이한 정치적 세계가 열리는 과정에서 일익을 담당했다.

제 4 장

사회

1987년 10월, 영국 총리 마거릿 대처(Margaret Thatcher)는 어느 여성 잡지 독자들에게 이렇게 말했다. "알다시피, 사회 따위는 없습니다. 남녀 개인들이 있고, 가족들이 있습니다." 대처는 감리교 평신도 설교사의 딸이었고, 따라서 종교개혁의 영적 증손녀였다. 대처의 철학에 담긴 삭막하고 자립적인 개인주의가 흔히 신교의 문화적 파생물로 여겨지긴 해도, 16세기 내지 17세기 종교개혁가라면 신교측이든 가톨릭측이든 대처의 무뚝뚝한 격언을 도통 이해하지 못했을 것이다. 그들이 보기에 인간을 근본적으로 규정하는 것은 다른 사람들과의 관계, 그리고 각양각색의 사회 구조에서 각자가 점하는 위치였다. 종교개혁은 개개인의 영혼을 구하는 목표뿐 아니라 기독교 사회(societas christianorum) 전체, 즉 기독교도들의 형제회를 바꾸는 목표까지 지향하는 집단 기획이었다. 중세나 종교개혁기의 '종교와 사회'를 다룬다고 말하는 책과 논문의 제목이 실은 비현실적인 이분법을 전제한다는 주장은 뻔하되 옳은 지적이다. 오늘날 우리가 '종교'로 분류하는 것은 당시 사회 조직 및 일상생활의 구조와 씨실 및 날실로 엮여 있었으므로 그것을 따로 뽑아내려다가는 조상들의 인생 경험을 왜곡할 우려가 있다. 종교와 사회가 그토록 불가분했기에, 종교개혁은 공동체 기독교의 언어와 상징, 의례를 변경하려 애쓰다가 이웃과의 관계와 일상생활의 구조 자체까지 바꾸게 되었다. 그와 동시에 그 구조와 관계는 종교개혁을 형성했다. 종교개혁은 단순히 사회에 강요된 무언가가 아니라 그 자체가 매우 사회적인 현상이었다.

공동체의 구조

전근대 사람들에게 '공동체'에 투자하는 활동은 생활양식을 선택하는 일이 아니라 생존에 반드시 필요한 일이었다. 근본적으로 농업(인구 절대다수의 직업)은 공동체가 합의한 관습에 따라 모두가 씨를 뿌리고 쟁기질을 하고 때가 되면 함께 수확하는 집단 활동이었다. 생계유지가 집단 활동이었던 것처럼 수확 실패, 전염병, 기상 이변, 전쟁 등 목숨을 위협한 주된 원인들도 집단으로 겪는 역경이었다. 이런 난관은 지금도 보험 증서에 깨알 같은 글자로 끼워 넣는 표현처럼 '신의 행위'(불가항력 또는 천재지변을 뜻함)로 보였다. 주님이 개개인에게 상이나 벌을 주기도 했지만, 공동체 전체가 주님의 심판을 느끼기도 했다. 그래서 모두의 행위가 모두의 소관이 되었다. 소수의 부도덕한 행실이나 이단이 신의 노여움을 사서 사회에 천벌이 내리면 그들을 용인한 모두가 고통받을 터였기 때문이다. 근대 개인주의와 아노미의 요람인 도시들은 16세기만 해도 시골만큼이나 공동체와 집단을 중시했고, 주민 모두의 도덕적 안녕을 책임지는 성스러운 공동체임을 자처했다. 시민적 인문주의 정신에 물든 츠빙글리와 마르틴 부처의 신학이 고독한 수도승 마르틴 루터의 신학보다 도시민들에게 더 어필한 이유를 공동체의 이런 성격으로 어느 정도 설명할 수 있을 것이다. 근대 초기 사람들은 남편, 아내, 자식, 장인, 도제, 이웃, 길드원, 동료 교구민으로서 서로에게 크게 의존했다. 그들이 천국 역시 함께 가기를 원했다고 해도 놀랄 일은 아닐 것이다.

여기서도 우리는 종교개혁이라는 격변이 중세 후기 종교 문화의 결을 잘라내기보다 이어갔음을 확인할 수 있다. 종교 조직과 사회 조직 모두의 주요 구역은 교구였다. 교구는 그 경

계 안에 사는 모든 사람이 응당 속해야 하는 지역의 행정 단위
였다. 교구 교회는 예배 공간일 뿐 아니라 으레 '공동체의 중
심', 집단이 소유한 하나뿐인 번듯한 건물이자 공동체의 행사
장소였다. 교구민들은 모든 수입과 농산물의 10퍼센트를 세
금으로 헌납하는 십일조로 자기네 지역 사제를 지원했다. 그
대가로 사제는 목회 활동을 했고, 구원의 문간에서 꼭 필요한
열쇠인 성사를 세례성사부터 종부성사까지 베풀었다. 마을 생
활에서 그런 의식의 양과 질을 안심할 만한 수준까지 확보하
는 데 집착한 것은 이해할 만한 일이었다. 이미 종교개혁 이
전부터 스위스와 독일의 공동체들은 자기네 사제를 고용하고
통제하기 위한 자산과 기부금을 확보하고 있었다. 긴장이 고
조되다가 농민 전쟁으로 치달은 종교개혁 초기에 많은 지역
공동체들은 개혁가들의 메시지에서 목회의 개선과 간소화, 성
직자의 책임 확대, 더 확실한 집단 구원 등에 대한 언질에 특
히 주목했다.

설령 그 기대가 좌절되더라도 공동체의 연속성은 유지되었
다. 신교는 국교로 인정받은 곳에서 기존 교구 체계를 유지했
고, 공동체 결속, 감독, 통제를 목회 임무의 주요 특징으로 삼
았다. 이런 맥락을 고려해야만 출교(가톨릭 종교재판소가 공표
했든 제네바 종교국이 공표했든)가 불러일으켰던 격정을 이해할
수 있다. 출교는 사회적 불명예의 원천(적어도 공동체에서 덕망

높은 이들에게는)이었을 뿐 아니라, 공동체 생활에 극히 중요한 행사에서, 무엇보다도 이웃들 사이에서 누군가의 지위와 좋은 평판을 상징하던 성체성사에서 배제하는 조치이기도 했다. 출교당한 자는 대부모(代父母) 자격도 금지되어 성체성사에서 어떤 역할도 할 수 없었다. 지금이야 빛바랜 흔적처럼 남아 있지만 당시 대부모 제도는 세례를 받는 아이에게 평생의 후원자를 정해주고 가족들 사이에 영적 친족의 유대를 만들어내는 필수적인 사회 제도였다. 칼뱅주의 개혁가들은 미신일 여지가 있다며 대부모 제도를 미심쩍어했지만, 17세기에 잉글랜드에서 이 제도를 폐지할 수 있었던 청교도들과 달리 칼뱅은 제네바의 세례식에서 대부모 역할을 제거할 수 없었다.

어떤 공동체든 판가름할 수 있는 시금석은 공동체 주변부의 빈곤한 구성원들을 대하는 태도일 것이다. 일찍이 그리스도가 "가난한 사람들은 언제나 너희 곁에 있다"라고 경고하긴 했지만, 종교개혁기는 빈자들과 나머지 공동체의 관계를 재규정하고 그들을 구제할 실질적 해결책을 고안하는 문제에서 중대한 전환점이 되었다. 개념으로서의 가난과 구원 드라마의 참여자로서의 가난한 사람들은 중세 가톨릭 문화에서 중요한 역할을 했다. 가난은 성스러운 것이었고, 사도들의 유산이었으며, 가난한 사람들은 비록 이번 생에는 고통받을지언정 다음 생에는 그리스도의 총애와 보상을 받을 터였다. 교회는 걸식하거나 탁발하는 수사들이라는 형태로 가난을 제도화했고, 그들은 설교에서 부자들의 자선 부족을 질타했다. '자선(charity)'은 오늘날처럼 단순히 불우한 이들을 향한 이타심을 뜻했던 것이 아니라, 모든 동반자에게 하느님의 호의를 돌려주는, 사회관계가 바로잡힌 상태를 뜻했다. 빈자들에게 적선하는 것은 자애로운 행위, 결국 기부자 본인이 구원받는 데 도움이 되는 선행이었다. 빈자들에게도 이번 생과 다음 생에서 기부자들의 안녕을 위해 기도할 자선 의무가 있었다.

신교 개혁가들이 보기에 빈자들에게 주는 행위는 '선행'이 아니었고, 그런 행위를 통해 영적 이로움이 교환되는 것은 아니었으며, 빈자들이 특히 그리스도를 닮았다는 주장은 말도 안 되는 생각이었다. 그럼에도 신교의 선전은 빈자들에게 너무 많이 준다는 이유가 아니라 너무 적게 준다는 이유로 가톨릭측을 지탄하곤 했다. 성소와 성화를 장식하고 촛불을 켜는 데 들인 돈, 죽은 자를 위해 기도해달라며 사제에게 건넨 돈을 모두 빈민 구제에 썼다면 한층 유익했을 것이라는 비판이었다. 16세기는 사회적·경제적 대변동의 시대, 인구가 늘어나 자원을 압박하고 인플레이션이 증가한 시대였다. 통념에 따르면 프로테스탄트 종교개혁은 가난을 진지하게 다루었고, 가난을 낭만화하던 관행을 그만두었으며, 구제 계획의 적절한 우선순위를 정해 '자격 있는 빈민'을 지원했다. 어쩌다

한 번씩 차별을 두지 않고 베풀던 기존의 자선 형식은 사실 종교개혁 이전부터 일부 지역들에서 바뀌기 시작했다. 에스파냐의 가톨릭 인문주의자 후안 루이스 비베스(Juan Luis Vives, 1492~1540)는 교회가 아닌 도시 행정관이 빈민 구제 책임을 맡아서 일하지 못하는 이들의 생계를 위한 민간 자금과 교구 자금을 통합하는 한편 '튼튼한' 걸인들을 쫓아내거나 노동을 시켜야 한다고 주장했다. 구걸에 제한을 두는 이런 생각은 1514~1518년에 런던에서 실행되었고, 1531년 이프르에서 더 폭넓게 실행되었다. 루터의 비텐베르크를 시작으로 많은 신교 도시들이 비슷한 계획을 실행하여 구걸을 금지하고, 빈민을 지원하는 '공동 기금(common chest)'을 마련하기 위해 주기적 모금을 지시하고, 때로는 도시 구빈원을 설립했다. 빈민을 위한 민간 기부는 중단되지 않았고, 그와 병행하여 신교 교회들(특히 칼뱅주의 교회들)은 대개 자선 제도를 유지했다. 이와 흡사하게 가톨릭권 유럽 전역의 도시들에서 시영(市營) 빈민 구제 제도가 급증했다. 그러나 신교가 빈곤 문제를 주관하는 책임을 교회에서 국가로 더 단호하게 이전했고, 그 조치를 공공질서 유지의 일환으로 이해했다. 그렇다고 해서 오늘날 우리가 생각하는 '세속화'의 의미로 빈곤 문제에 대처했던 것은 아니다. 신교의 빈민 구제는 '올바른' 교리에 근거했고, 진정으로 기독교다운 공동체를 이루려는 노력의 일환이었다. 아울러 지원의 조건으로 경건한 행실을 요구하는 등 빈민들의 도덕적 행위를 규제하고 통제하고 개선하려 시도했다. 두 교파가 나란히 존재한 지역에서는 빈민 구제가 종교적 규율과 교파 결속의 수단이 되기도 했다. 교회 공동체들은 '자기네' 빈민을 구제했고, 자선은 배타적인 소속의 표지가 되었다.

경건한 공동체를 이루는 데 성공할지 여부는 다른 무엇보다도 한 사회 집단에 달려 있었다. 바로 성직자들이었다. 가톨릭 성직자들은 전통적인 종교 관행에 대한 종교개혁의 공격을 맨 앞에서 맞았다. 개혁가들은 법적 특권, 의례적 독신, 그리고 면도하거나 '삭발한' 머리처럼 지위를 나타내는 외형상 표지들로 구별되는 별도의 성직자 계층 또는 신분을 부인했다. 사제들은 더이상 미사의 기적을 행하는 고유한 능력을 통해 하느님의 은총을 전하는 특별한 통로가 아니었다. 루터는 세례를 받은 "우리 모두 동등하게 사제들이다"라고 가르쳤고, 성직자의 직무는 공동체의 일부 구성원에게 위임하는 기능에 지나지 않는다고 보았다. 초기에 종교개혁은 격렬하고도 매섭게 교권에 반대했고, 선전 인쇄물에서 수사와 수도승을 문자 그대로 악마의 배설물로 묘사했다. 1520년대에 잉글랜드 케임브리지셔의 어느 마을에서 사제를 알아본 한 남자는 "삽으로 소똥을 떠서 그의 정수리에 재빨리 올려놓"고는 "네놈들 죄다 조만간 빡빡머리를 알아서 감출 것이야"라고 말했다. 일각에서는 신앙과 토박이말 성서를 통해 구원이 이루어진다면 성직자 직종이 과연 별도로 필요하기나 한지 물었다. 성직자에 가장 철저히 반대한 집단은 재세례파로, 책 좋아하는 목사가 개입하지 않아도 소박한 민중이 성서의 메시지를 능히 흡수할 수 있다고 믿었다.

혁명의 특징은 이전에 허물었던 것을 재건해야 한다는 것이다. 루터파 세계와 개혁파 세계 전역에서 세속 당국과 교회 당국은 유복하고 존경받는 성직자가 평신도의 종교 교육에 꼭 필요한 도구이자 사회적 규율을 담당하는 핵심 행위자임을 곧 깨달았다. 신교 목사는 미사의 신비감이나 고해실의 카리스마를 갖지는 못했을 테지만, 소속 공동체에서 주로 신의 말씀을 전하는 설교사 역할을 하며 도덕적·종교적 권한을 행사할 것으로 예상되었다(개혁파 목사들은 구약의 선지자들처럼 풍성한 수염을 기르곤 했다). 17세기 전반에 대부분의 장소들에서 신교 성직자들은 십중팔구 대학에서 교육받은 이들이었고, '전문직'의 지위와 특징을 갖추어가고 있었다. 그들은 좀체 인정하려 들지 않았을 테지만, 사실 그들과 가톨릭 종교개혁기 교구 사제들 사이에는 그들 생각보다 유사점이 더 많았다. 신학교 제도가 정착됨에 따라 가톨릭 사제들 역시 선배들보다 박식해지고 있었다. 두 경우 모두 교육은 이롭기도 하고 해롭기도 했다. 한편으로 성직자들은 자기 교회의 교리를 더 분명하게 설명 수 있었지만, 다른 한편으로 중세에 교구 사제의 전형이었던 변변찮은 현지인과 달리 교구민들의 일상 관심사에서 동떨어진 문화적 '아웃사이더'가 되기 십상이었다. 신교 목회자들과 가톨릭 사목자들은 똑같이 자신들의 권위와 지위에 과민 반응을 보이곤 했으며, 두 교회의 상이한 환경에서 반성직자주의는 평소에는 억눌려 있으나 격동이나 위기가 발생하면 밝게 타오를 수 있는 끈질긴 특징이었다.

그렇지만 신교 성직자와 가톨릭 성직자의 결정적 차이는 성관계 허용 여부였다. 트리엔트 공의회는 사제직의 독신 규율을 유지했고, 실제로 가톨릭 종교개혁기에 주교들은 비록 추문을 깨끗이 잠재우진 못했으나 독신 단속을 상당히 강화했다. 그에 비해 신교도들에게 만인사제설을 가장 실감하게 해주는 표지는 목사에게 결혼을 허용하고 더 나아가 장려하기까지 한다는 사실이었다. 루터 본인이 앞장서 1525년에 전직 수녀 카타리나 폰 보라(Katharina von Bora)와 결혼했다―그리하여 가톨릭 유럽에서 혐오감을 불러일으켰다. 인간사회의 가장 기본적인 요소들을 보완하고 교정하려는 충동, 그리고 통제하려는 충동은 신교의 상징이었다.

성, 여성, 가족

가톨릭교는 성직자 독신을 고수함으로써 비록 결혼이 성사이자 하느님의 거룩한 규례일지라도 성을 완전히 금욕하는 것이 영적으로 더 완벽한 상태라는 오래된 견해를 뒷받침한 셈이었다. 가톨릭에는 성 요한, 성 바울로, 성모 마리아, 그리스도 자신처럼 동정을 지킨 거물급 역할 모델들이 있었다. 중세에 수사와 수녀는 (이론상) 순결을 지킨다는 점에서 천사와 비슷했다. 신교의 비관적 인간관은 이례적인 소수를 빼면 순결 공언은 위선이기 마련이라는 인식을 부추겼다. (아담과 이브의 타락의 결과물인) 성에는 적법한 배출구가 필요했고, 그런 배출구는 결혼밖에 없었다. 독일 도시들에서 루터파 종교개혁의 특징은 공개 매음굴에 대한 공격이었다. 그전까지 도시 당국들은 매음굴을 제멋대로 구는 젊은이들이 성적 에너지를 발산하는 용인할 만한 통로로 여기고서 유지했고, 종교개혁 이전 성직자들마저 매음굴을 필요악으로, 더 넓은 사회의 도덕적 위생을 지탱하는 하수구로 여기고서 암묵적으로 받아들였다. 그러나 개혁가들이 보기에 용인할 만한 유일한 성행위는 남편과 아내가 아기를 만드는 행위뿐이었다. '남색'은 종교개혁기 내내 신교 사회에서든 가톨릭 사회에서든 극악한 풍기문란 범죄이자 사형에 처해질 중죄였다.

신교 개혁가들은 한편으로 결혼에서 성사 지위를 박탈하면

서도 다른 한편으로 경쟁 대상을 제거함으로써 결혼의 위상
을 높였다. 수도원 생활은 더이상 결혼보다 영적으로 우월한
대안이 아니었다. 이제 성인들에게 결혼생활과 기독교인의 삶
은 사실상 같은 말이었다. 종교 제도와 사회 제도의 근간인 결
혼은 면밀히 규제할 필요가 있었다. 중세 교회법과 성사 이론
에 따르면 결혼은 서로에게 직접 성사를 주는 두 배우자 간의
계약(자유로운 동의가 필요한)이었다. 결혼 공시, 교회에서의 축
복, 사제의 참여, 부모의 동의 등은 모두 바람직하긴 해도 결
혼의 유효성에 반드시 필요하진 않았다. 부유한 가문들 사이
에서 젊은이들의 사랑의 도피―'비밀 결혼'―는 좀체 사라지
지 않는 화근이었다. 종교개혁은 질서 잡힌 사회의 구성요소
인 결혼을 더 면밀히 단속하는 방향으로 나아갔다. 루터파와
개혁파의 영역에서 부모는 자녀의 결혼에 대한 거부권을 얻
었고, 목사의 결혼 축복을 받는 것이 법적 의무가 되었다. 이
와 비슷한 사회적 우려에 대처하고자 트리엔트 공의회 참석
자들은 1563년 교회 예식과 증인 참석(부모의 동의가 반드시 필
요하진 않았다)이 유효한 결혼의 필수 요소라고 공표했다. 가톨
릭교도들에게 결혼은 성사인 까닭에 평생 해소할 수 없는 유
대였다(지금도 그렇다). 그러나 신교도들은 결혼 해소를 상상
할 수 있게 되었다. 루터는 간통, 성교 불능, 부부 동거권 거부
같은 경우에 결혼 해소를 허용할 수 있다고 생각했고, 츠빙글

리는 이 목록에 처자 유기를 더했다. 주교가 관할하던 옛 재판소가 폐지됨에 따라 이혼을 규제하는 소임은 새로운 재판소로 넘어갔는데, 사실 신교권 유럽에서 이혼은 극히 드문 일이었다. 신교권 잉글랜드는 중세의 교회 재판소를 유지했으나 역사의 변덕 탓에 이혼 법률을 도입하지 않았고, 19세기 중엽까지도 의회의 개별법들이 완전한 이혼을 보장하는 유일한 수단이었다.

가족은 신교의 핵심 사회 제도이자 기독교 공동체의 기초 단위인 동시에 사회가 어떻게 구성되어 있는지 보여주는 축소판이었다. 칼뱅은 개별 교회를 닮은 가정에서 아버지가 목사 역할을 하며 집안 신도들인 아내와 자녀, 하인을 규제하고 지도한다고 보았다.

종교개혁기는 아버지들이 지배한 시대였다. 가족과 가정생활에 관한 이 시대의 기본 전제를 가리키는 적절한 표현은 가부장적이었다는 것이다. 이런 가정은 자녀의 유년기에 복잡한 영향을 끼쳤을 것이다. 어린이는 나머지 인류와 마찬가지로 선천적으로 결백한 존재가 아니라 본질적으로 악한 존재로 간주되었다. 부모는 자녀를 매로 다스렸고, 억누르고 제지했으며, 교리문답의 메시지를 주입했다(이 동사의 도덕적으로 중립적인 의미로). 그러나 구약이 부모를 공경하라고 명령한 것처럼 신약은 아버지들에게 "자녀를 못살게 굴지 마십시오"라

11. 식전 기도를 올리는 가족을 그린 안토니위스 클라이선스(Antonius Claeissens)
의 1585년경 작품은 경건한 가정 질서의 이상화된 모습을 나타낸다.

고 지시했다. 자녀는 하느님의 선물이었고, 개혁가들은 자녀를 양육하고 보살펴야 한다고 가르쳤다. 어떤 이론은 근대 초기 유럽의 가혹한 사망률(전체 어린이의 절반이 10세 이전에 죽었다)로 인해 부모가 자녀에게 진실한 정서적 투자를 하지 못했다고 주장한다. 그러나 잔존하는 풍성한 증거들은 다른 이야기를 들려준다. 일례로 루터 본인이 1542년 딸 마그달레네의 죽음에 망연자실했다.

종교개혁이 가부장제를 강화했다면, 그 결과로 여성의 지위를 떨어뜨렸을까? 이 시기에든 다른 어떤 시기에든 여성들이 공통 관심사와 열망을 가진 단일한 단위였다는 생각 자체가 미심쩍긴 하지만, 이 물음에는 찬반양론이 있다. 개혁가들이 결혼의 위상을 높이면서 여성의 위엄을 끌어올렸다는 주장이 종종 제기된다. 그러나 결혼에 대한 긍정적 견해와 여성에 대한 긍정적 견해가 반드시 동일한 것은 아니다. 종교개혁은 여성이 다루기 힘들고 성욕이 왕성하다는 기존 고정관념을 거의 바꾸지 않았다. 결혼하지 않은(따라서 주인이 없는) 여자들은 위험한 존재로 간주될 수 있었고, 여러 지역은 그들이 도시에 주거를 정하거나 혼자서 생활하는 것을 금했다. 현대인은 당시 배우자를 대하던 태도에 감정이 상할 수도 있다. 아내에 대한 남편의 '합당한' 체벌은 사회 규범이었다. 악명 높은 구절에서 루터는 이렇게 말했다. "여자들이 출산하다가 지치거나 심지어 죽더라도 나쁠 건 없다. 그들이 출산하다 죽게 놔두 어라. 그것이 그들이 존재하는 이유다." 그럼에도 루터 본인의 부부관계는 다른 많은 신교도들의 결혼생활과 마찬가지로 다 정하고 친근했다.

기독교의 소명 또는 부르심이라는 측면에서 프로테스탄트 종교개혁은 여성에게 결혼과 어머니 노릇을 한 묶음으로 제 시하는 데 그쳤다. 신교의 종교개혁은 중세에 여성에게 열려 있었던 뚜렷한 종교적 경로, 즉 서원을 하고 수녀가 되는 길 을 없애버렸다. 물론 모든 수녀의 종교적 소명이 진실했던 것 은 아니다. 그중 다수는 소녀 시절에 수녀원에 입회했고, (카타 리나 폰 보라 같은) 일부는 기회가 생기자 기꺼이 수녀원을 떠 났다. 그러나 종교개혁이 부패하고 사람을 멍청하게 만드는 수녀원의 속박으로부터 여성들을 '해방시켰다'는 생각은 이 제 오히려 빅토리아 시대식 견해처럼 보인다. 전원 여성으로 이루어진 신심회(이 역시 개혁가들에 의해 폐지되었다)와 더불어 수녀원은 여자들이 그들 나름의 사회적 공간에서 스스로를 영적·창조적으로 표현하는 드문 기회를 나타냈고, 그런 이유 로 현대 페미니스트 학자들의 감탄 어린 관심을 받기 시작했 다. 독일 도시들에서 종교개혁 개시에 가장 효과적으로 저항 한 세력 중 일부는 수녀들이었다. 뉘른베르크에서 프란치스 코회 계열의 가난한 글라라 수녀회(Poor Clares)의 인문주의자 수녀원장 카리타스 피르크하이머(Caritas Pirckheimer)는 도시에서 떠나라는 요구를 단호히 거부하고는 수녀들과 함께 신교의 빗발치는 설교를 견뎌냈고, 1532년에 죽을 때까지 시의회와 정정하게 충돌했다. 독일 여러 지역의 당국은 실은 수녀원을 내버려두되 새로운 수련 수녀의 입회를 허용하지 않는 방식으로 수녀원을 점차 도태시키는 편이 더 간단한 해결책이라고 판단했다. 한층 과격한 방법을 택한 헨리 8세의 잉글랜드에서는 1530년대 후반에 왕명에 따라 모든 수녀원을 폐지했다. 종교개혁기에 전직 수녀들의 복지를 위해 결혼 지참금을 지급한 일반적인 처방은 잉글랜드에서 배제되었다. 헨리는 수도원 생활이 사라진 후에도 수도자는 독신 서약에 구속된다며 옹고집을 부렸다.

여성 수도원 생활은 신교 세계에서 저무는 동안 가톨릭 세계에서 극적으로 부흥했다. 17세기를 거치면서 여성들은 종교생활인의 절대다수를 점하게 되었다. 일부 가톨릭 중심지들은 수녀들로 넘쳐났고, 그중에서도 베네치아에서는 17세기 전환기에 부유한 통치 계급의 전체 여성 중 절반가량이 수녀원에 입회했다. 그곳에서 그들은 수차례 신부 지참금을 대느라 야금야금 줄어드는 가문의 재산을 지키면서 교양 있고 그다지 금욕적이지 않은 생활을 영위했다. 그런데 더 넓게 보면 여성 종교인이 늘어난 것은 분명 가톨릭 종교개혁기에 종교적 에너지가 폭발한 현상의 일부였고, 아울러 여성들 특유의 영성을 주장한 운동의 일부였다. 여성 교단들이 새로 설립되었고, 대개 혁신적인 '행동주의' 성향을 띠었다. 1530년대에 이탈리아인 안젤라 메리치(Angela Merici)가 창립한 우르술라 수녀회(Ursulines), 두 세대 후에 잔프랑수아즈 드 샹탈(Jeanne-Francoise de Chantal)과 프랑수아 드 살레(Francois de Sales)가 창설한 프랑스 성모 방문 수녀회(Visitandines)는 빈자와 병자를 돌보았다. 그러나 여성이 공개적인 종교인으로 활동한다는 생각에 로마 당국은 갈수록 불안해했다. 에스파냐인 이사벨라 로세르(Isabella Roser)와 잉글랜드인 메리 워드(Mary Ward)가 제각기 예수회의 여성 분파를 설립하려던 시도는 교황들에 의해 저지되었다. 또한 교황들은 17세기에 성모 방문 수녀회와 우르술라 수녀회에 더 엄격한 '울타리'를 요구하기도 했다. 그럼에도 일부 여성 공동체들은 수도복이나 서약을 배제한 채 평신도 '회중'임을 역설함으로써 더 넓은 사회에서 자선 사업을 계속할 수 있었다. 그런 공동체를 하나 들자면, 1633년에 뱅상 드 폴(Vincent de Paul)과 루이즈 드 마리약(Louise de Marillac)이 창설한 애덕 자매회(Daughters of Charity)가 있다. 그리고 심지어 수녀원 담장 안에서도 여성들은 당대의 종교 문화에 두드러진 기여를 할 수 있었다. 에스파냐 카르멜회 소속 아빌라의 테레사(Teresa of Avila, 1515~1582)의 저술은 가톨릭의 가장 위대한 묵상 저작들 중 하나로서 로욜라의 『영성 수련』과 어깨를 나란히 한다.

학자들은 여성이 종교개혁에 끼친 영향은 간과한 채 종교 개혁이 여성에게 끼친 영향에만 지나치게 초점을 맞추곤 한다. 여성은 종교적 변화에 적극 참여해서는 안 된다는 것이 당대의 통념이었지만, 많은 여성이 변화에 동참해 열렬하고 심지어 광신적인 당파심을 드러냈다. 메리 튜더의 체제에 의해 화형당한 신교도들 가운데 눈에 띄게 높은 비율(280여 명 중 51명)이 여성이었다. 엘리자베스 1세의 신교 체제에서 여자들은 잉글랜드 가톨릭교를 지키는 데 결정적인 역할을 했다. 그들은 남편과 별개인 법적 정체성이 아내에게 없거니와 남편이 교회에 다니는 한 아내에게 '영국 국교회 거부'를 이유로 벌금을 물릴 수 없다는 사실을 이용했다. 여성 행동주의는 성장중인 '자발적' 종교의 세계에서 특히 두드러졌던 것으로 보인다. 예를 들어 17세기 후반 경건주의로 알려진 루터파 쇄신운동, 네덜란드 메노파 같은 재세례파 집단들, 공위기〔찰스 1세가 처형된 1649년부터 찰스 2세가 복위한 1660년까지〕 잉글랜드의 침례파와 퀘이커파 같은 비국교파들의 구성원 명단을 보면 여성과 남성의 비율이 2대 1이었다.

새로운 종교 운동들은 표현의 여지를 넓히고 유력한 지위를 얻을 기회를 늘렸을 것이다. 그렇지만 여성은 국교회들에

12. 에흐베르트 판 헤임스케르크(Egbert van Heemskerk)의 그림을 본뜬 이 판화는 잉글랜드 퀘이커파 모임에서 설교하는 여성을 보여준다. 점잖은 17세기 여론에 충격적인 사건이었다.

서도 대개 가장 헌신적이고 독실한 구성원이었다. 근대 서구 문화의 뚜렷한 특징인 종교의 여성화는 가부장적 시대에 확고히 뿌리내리고 있었다.

문화 전쟁?

사회의 종교개혁에 관한 장은 사회가 과연 개혁을 원했느냐는 의문을 자아낸다. 여러 면에서 사회는 개혁을 원하지 않았다. 신교든 구교든 성직자 개혁가들은 회중이 더 교육받고 더 독실하고 덜 '미신적'이기를 원했다. 지역의 관습과 의례가 이런 목표를 방해한 곳에서 그들은 그것들을 폐지하려 했다. 예를 들어 독일에서 신교 당국과 가톨릭 당국은 공히 재의 수요일(사순절의 첫날)에 젊은 남자들이 지역 소녀들에게 마구를 채워 쟁기에 연결하는 것과 같은 외설적인 다산 관습을 억압하려 안간힘을 썼다. 또한 그들은 기독교가 도래한 이래 성 세례자 요한을 기려온 하지(夏至) 축일에 모닥불을 못 피우게 했다. 그러나 마을 사람들은 그런 전통에 집착했고, 혁신을 의심했다. 양자의 생각은 근본적으로 달랐을 것이다. 대학에서 교육받은 목사들은 종교를 도덕적 쇄신의 동력으로, 천국에 이르기 위한 훈련 과정으로 이해했다. 그와 반대로 글을 모르는 시골 사람들은 종교를 질병, 흉작, 병든 가축 같은 일상의 문제와 관련해 도움을 받고자 의지하는 실용적인 마술의 저장고 정도로 여기곤 했다. 신교의 공인받은 신심은 평신도들 중에서도 지역 엘리트층에 훨씬 더 어필했을 것이다. 점잖고 글을 아는 그들은 박식한 설교와 토착어 성서를 이해할 수 있었고, 가난한 이웃들의 무질서한 품행에 재갈을 물려 지켜야 할 기득권을 가지고 있었다.

민중 수준에서 프로테스탄트와 가톨릭의 종교개혁은 '실패했다'고 주장하고픈 사람이라면 누구나 그 주장을 뒷받침하는 증거를 어렵지 않게 모을 수 있다. 촌사람들의 무지와 부도덕, 미신에 관한 성직자들의 불평은 루터파 독일은 물론 가톨릭파 프랑스에도 넘쳐났다. 스코틀랜드부터 스위스까지, 종교국이 깐깐하고 효과적으로 사회적 규율을 감독한 개혁파의 영역에서도 그런 불평이 흔했다. 예를 들어 17세기 중엽 보(Vaud) 지방에서는 주민들이 통풍을 치료하는 힘을 지녔다는 어느 신성한 나무줄기를 맹신한다는 불만이 거듭 제기되었다. 1662년, 트리엔트 공의회로부터 한 세기가 꼬박 지난 시점에 쾰른의 가톨릭 대주교는 사람들이 점성술의 예측, 해몽, 부적과 유물의 마술적 사용을 믿는다며 투덜거렸다. 이탈리아와 에스파냐에서 예수회 수사들은 포교하러 찾아간 시골 배후지들을 가리켜 현지 민중이 무식하고 천박하다는 이유로 '인도'라고 불렀다.

13. 한스 제발트 베함(Hans Sebald Beham)이 묘사한 시끌벅적하고 저속한 민중
축제 〈코들의 춤〉(1520)은 개혁가들이 애써 억압하려던 활동을 예시한다.

그러나 종교개혁 과정을 '엘리트' 문화와 '민중' 문화의 정면충돌로 보는 것은 지나치게 단순한 견해다. 우선, 구교 개혁과 신교 개혁의 대응성과 유사성을 강조하는 것이 오늘날 유행이긴 해도, 둘 사이에는 중대한 차이점들이 있었다. 가톨릭 개혁가들은 규율이 더 바르고 성직자들이 더 통제하는 정화된 가톨릭교를 원했지만, 프로테스탄트 개혁가들과 달리 신자들의 기존 종교 문화 또는 그 문화의 기본 전제들 태반을 부인할 의향이 없었다. 연옥의 영혼을 근심하는 마음, 기적에 대한 믿음, 성인 숭배 등은 그들에게 가톨릭의 공통 기반이었다. 수호성인을 기리는 행사와 행렬은 성직자의 감독을 받고 방탕하게 흐르지 않으면 괜찮았다. 신심회는 평신도가 지배할 경우, 그리고 가톨릭교와 교구가 신자들의 충성을 두고 경쟁하는 원인이 될 조짐을 보일 경우, 잠재적인 문제였다. 그러나 개혁가들은 묵주 기도 암송을 통해 규율 바르고 내면화된 신심을 고취하는, 그러면서도 성직자 우위와 조화를 이루는 새로운 '로사리오 신심회'를 조직할 것을 적극 권장했다. 전통적인 지역 성인들에 대한 숭배는 17세기에 가톨릭 전역에서 공경하는 새로운 성인들에 대한 신심을 권장하여 보완했다. 새로운 성인들 중 일부는 이그나티우스 로욜라, 프란치스코 하비에르(Francisco Javier), 카를로 보로메오처럼 근래에 대항-종교개혁에서 활약한 영웅들이었다. 가톨릭 선교사들, 특히 예수회는 신자들이 성인들에게 무엇을 원하는지 이해했고, 그들과 기꺼이 타협할 준비가 되어 있었다. 일례로 선교사들은 성 프란치스코 하비에르의 유물이나 메달과 접촉하여 축성을 받은 '하비에르 물'을 신자들에게 나누어주었다. 18세기 초에 독일 아이펠 지역 농민들은 논밭에 그 물을 뿌려서 애벌레 떼를 없애려 했다. 그러나 이처럼 신의 권능을 '마술처럼' 사용한 것이 민중의 종교적 심성의 요체였다는 주장은 결코 진실이 아닐 것이다. 민중은 올바른 생활과 구원에 관한 교회의 가르침을 그들 나름대로 이해했고, 가톨릭 개혁가들의 불가피한 지도에 웬만큼 열려 있었다. 전문용어가 필요하다면, '절충' 또는 '조정'이 적절한 용어일 것이다.

프로테스탄트 개혁가들은 메시지와 청중 사이 간극을 메우기가 더 어려웠지만, 때로 놀라운 시도를 하기도 했다. 덴마크에서 루터파 목사들은 부활절 즈음에 논밭을 축성하는 현지 의례를 기꺼이 이어가려 했고, 게일어를 쓰는 스코틀랜드 고지에서 칼뱅주의 목사들은 어민의 배를 축성하는 예식을 거행했다. 이와 비슷하게 아일랜드에서 민중 문화에 맞추어 신교를 조정하려던 시도는 종족적 적대감에 가로막혔는데, 이것이 아일랜드에서 종교개혁이 실패한 한 가지 이유임이 분명하다. 그 밖에 다른 곳에서 신교는 어느 교파의 문화인지 식별할 수 있는, 그럼에도 진정으로 민중적인 형태의 종교 문화를 낳았다. 17세기 잉글랜드에서 1605년의 화약 음모 사건을 매년 기념한 행사는 반가톨릭 정서와 민족주의 정서가 융합되는 데 이바지했다. 17세기와 18세기 독일에서는 마르틴 루터의 초상화들이 어떻게 기적처럼 화마를 피해 보존되었는지 묘사하는 이야기들이 숱하게 나돌았다. 그 이야기들은 위대한 종교개혁가를 기억하는 일에 민중이 진심으로 관심을 보였음을 말해주지만, 동시에 가톨릭 성인 숭배의 흔적이 그들의 사고방식에 여전히 남아 있었음을 드러내기도 한다. 이 점에서 프로테스탄트 개혁가들이 성공했느냐 아니면 실패했느냐는 물음에 손쉬운 답을 내놓기는 어렵다.

제 5 장

문화

20세기 최고의 신교 신학자 카를 바르트(Karl Barth)는 인간의 어떤 예술로도 예수 그리스도의 위격을 묘사하려 시도해서는 안 된다고 보았다. 그렇게 하려는 시도들은 "딱한 이야기"나 다름없었다. 바르트는 기독교 예술가들에게 제아무리 재능이 있더라도 "이 불경한 일을 그만두라"고 촉구했다. 바르트는 신교에서, 특히 칼뱅주의에서 오래도록 이어져온 생각, 즉 예술과 종교는 물과 기름처럼 섞일 수도 없고 섞여서도 안 된다는 생각의 끝자락에 서 있었다. 신을 표상하려는 시도, 하느님의 궁극적 주권을 조금이나마 포착하려는 시도는 최선일 경우 무의미했고, 최악일 경우 위험천만했다. 예술을 '세속화'한 공은 프로테스탄트 종교개혁에 있다는 것이 중론이다.

이 중론이 옳다 해도, 예술의 세속화는 인상적이되 평가가 엇갈리는 성취였다. 일각의 견해에 따르면, 세속화로 인해 예술은 초월적인 힘, 우주에 관해 궁극적으로 유의미한 무언가를 말하는 능력을 빼앗기고 심미주의로 전락했다. 다른 일각에서는 세속화 덕분에 예술이 교조적 족쇄에서 벗어나 인간 경험의 모든 측면을 더 완전하고 창의적으로 탐구할 수 있게 되었다고 생각한다. 오늘날의 '문화'에 해당하는 당대의 예술과 신교의 관계는 결코 간단하지 않았다. 종교개혁은 단순한 반문화 세력이 결코 아니었다. 신교도들은 시각 이미지의 힘을 이해했다. 역설적으로 바르트는 15세기 그리스도 책형도(磔刑圖)들 중에서 가장 감정을 건드리는 마티아스 그뤼네발트(Matthias Grünewald)의 이젠하임 제단화를 모사한 그림을 책상 위에 걸어두었고, 가끔 바라보며 묵상하곤 했다. 그리고 회화와 조각을 비롯한 문화 매체에 대한 평가는 종교개혁의 정체성과 성취를 구성하는 요소다. 바르트가 연구실에 걸어두었던 다른 그림은 (칼뱅 초상화 한 점을 빼면) 모차르트 초상화였다.

시각 문화

종교개혁 이전에 종교는 예배자들의 감각 범위 전체를 사로잡을 정도로 대단히 감각적이었지만, 그중에서도 시각적 측면이 도드라졌다. 으리으리한 대성당부터 변변찮은 예배당까지, 교회들은 제단화, 프레스코 벽화, 성모 마리아를 비롯한 성인들을 정교하게 새긴 조각상 같은 이미지들로 가득했다. 십자가에 못박힌 커다란 그리스도 조각물(잉글랜드에서는 루드 rood라고 불렸다)은 제단 공간과 본당 회중석을 나누는 칸막이의 맨 위에 걸린 채로 교회의 시선을 지배했다. 종교 이미지를 옹호하는 고전적 논변은 그런 이미지가 문맹자들을 위한 교훈적 도구, '평신도들의 책'이라는 것이었다. 그러나 애정을 담아 조각하고 그리고 금박을 입힌 성인 이미지, 평신도들이 헌금을 바쳐 비용을 대고 촛불을 밝혀 공경한 그 이미지는 단순한 그림 글자 이상이었다. 이미지는 신성한 권능의 프리즘으로, 예배에 참석해 집중하는 신도들이 가장 주목할 법한 위치이자 그들의 기도가 가장 응답받을 법한 위치에 있었다. 이미지가 지각의 순전히 수동적인 대상이었던 것도 아니다. 중세 후기와 근대 초기에 널리 퍼졌던 시각 '유입'설에 따르면, 대상이 광선과 비슷한 인상을 발산하면 눈이 그것을 받아들이고 감각 능력들이 재구성했다. 이미지는 지각자에 작용했고, 따라서 영향력이 엄청나게 강했다.

숱한 이미지와 그림이 미학적으로 틀림없이 조야하긴 했지만, 루터가 항의에 나서기 이전 한 세기 동안 유럽에서 정교한 예술적 표현이 전례없이 분출했다. 네덜란드에서(반 에이크(van Eyck)와 반 데르 베이던(van der Weyden), 독일에서 로흐너(Lochner)와 그뤼네발트, 그리고 15세기(quattrocento) 이탈리아에서 열거하기엔 너무 많은 걸출한 예술가들이 헤아릴 수 없이 아름답고 감동적인 가톨릭 종교 이미지들을 생산했다. 그런 화가들과 그들의 작업장들은 '세속적' 의뢰를 받아 귀족과 부유한 시민의 초상화를 그렸지만, 그들의 가장 위대한 산물은 종교적 작품이었고, 교회는 예술 생산의 주요 후원자였다. 16세기 종교개혁은 이 비범한 유산을 거부하고 태반을 파괴했는데, 교양이 없거나 예술의 힘을 알아보는 능력이 부족했기 때문이 아니라, 그 힘을 더 예민하게 감지했고 우상숭배의 위험을 몹시 두려워했기 때문이다. 종교개혁이 근대 유럽의 다채로운 문화 환경에 남긴 유산 중에 가장 피부에 와 닿는 것은 '성상파괴운동'―명백히 이데올로기적인 이유로 종교 이미지를 파괴하는 것―일 것이다. 이베리아 반도와 이탈리아 같은 일부 지역들은 비교적 피해가 적었지만 다른 지역들은 예술 홀로코스트를 겪었다. 예를 들어 중세 후기 스코틀랜드의 종교 예술은 극히 일부만이 살아남았다. 잉글랜드의 사정도 별반 나을 것이 없는데, 중세 교구 교회 9000곳에 하나씩 있었던 그리스도 십자가상 중에 오늘날 훼손되지 않고 온전히 남아 있는 것이 단 한 개도 없다.

종교 이미지의 위험과 잠재력에 대한 주요 개혁가들의 태도는 제각기 달랐다. 루터파 종교개혁의 문화 발전에서 중대한 계기는 1522년 비텐베르크로 돌아온 루터가 고집불통 동료 카를슈타트가 개시한 성상파괴운동을 중단시킨 결정이었다. 루터는 본인이 그림이나 조각의 힘에 별로 감명받지 않았기 때문인지 이미지가 '좋지도 나쁘지도 않다'고 생각했다. 루터가 보기에 이미지들 자체는 멜란히톤이 개진한 신학적 범주인 '아디아포라(adiaphora)'의 사례들, 즉 도덕적 해이와 무관하게 교회가 보유해도 되고 버려도 되는, 아무래도 좋은 것들이었다. 중요한 것은 이미지를 어떻게 사용하느냐는 점이었다. 이미지를 숭배하거나 신에게 상을 받기를 기대하며 이미지를 구성하는 것은 가증스러운 짓이지만, '약한 자들'을 지도하는 수단으로 이미지를 사용하는 것은 용인할 수 있는 일이었다. 이런 이유로 루터파 뉘른베르크의 교회들에서 귀중한 고딕 예술 작품이 살아남았고, 루터파 스칸디나비아의 교구 교회들에 있던 소박한 제단화와 십자가상도 무사할 수 있었다. 루터주의는 중요한 예술가들의 충성을 얻는 방식으로 자체 종교 작품을 생산하기도 했다. 알브레히트 뒤러는 인생의 너무 늦은 시기에 루터파 신자가 된 탓에 '종교개혁' 예술로 식별할 만한 작품을 내놓지 못했다. 그렇지만 루터주의는 일찍부터 비텐베르크에서 프리드리히 현명공의 궁정화가로 활동한 루카스 크라나흐(Lucas Cranach, 1472~1553)라는 소중한 문화적 자산을 얻었다. 크라나흐는 성상화처럼 표현한 루터 초상화 연작 외에 루터가 번역한 신약성서의 삽화를 그렸고, 세속적인 적그리스도 교황과 가난한 이들에게 헌신하는 그리스도를 대조하는 소책자 『그리스도와 적그리스도의 수난기Passional Christi und Antichristi』에 둘씩 짝을 이루는 생생한 이미지들을 그렸다. 크라나흐가 루터파 교회를 위해 그린 회화와 제단화는 법과 복음의 변증법, 지상의 중재자 하나 없이 보혈을 흘려 인간을 구원한 예수 등 구원의 핵심 주제들을 대단히 교훈적인 알레고리로 표현했다.

시각 이미지의 종교적 유용성에 어느 정도까지 열려 있었던 루터주의의 입장을 개혁파 전통의 지도자들은 공유하지 않았다. 츠빙글리는 스스로 인정하는 감정가였지만("빼어난 그림과 조각상은 그 자체로 내게 큰 기쁨을 준다"), 그런 이미지가 교회 안에 자리하거나 예배에서 어떤 역할을 해서는 안 된다고 강조했다. 그런 역할을 허용하는 것은 마땅히 하느님 한 분만이 받아야 하는 경의를 중간에서 가로채 엉뚱한 방향으로 보내고, 인간이 만든 사물을 신뢰함으로써 하느님의 보이지 않는 주권을 모욕하는 꼴이었다. 루터와 츠빙글리 이후 갈라진 노선들은 성서의 이정표들에 대한 서로 다른 독해를 반영했다. 신법(神法)의 근본적·규범적 기반은 하느님이 모세에게 계시하여 구약의 출애굽기와 신명기에 기록된 십계명이었다. 십계명은 첫째로 사람들에게 "나 말고 다른 신이 있어서는 안 된다"라고 지시하고, 이어서 "새긴 우상들"을 만들지 말고 그것들에 절하지 말고 그것들을 섬기지 말라고 명한다. 그런데 이 지시는 한 개의 계명인가 두 개의 계명인가? 출애굽기와 신명기는 명령을 열 가지 이상 전하고, 그것들을 어떻게 묶어야 한다는 명시적인 지침을 제시하지 않는다. 유대교 전통은 새긴 우상을 금지하는 명령을 별도의 두번째 계명으로 여긴 반면에 중세에 가톨릭권 서방에서 권위를 누린 성 아우구스티누스의 해석은 그 명령이 그저 첫째 계명에 대한 주해라는 것이었다. 이 해석이 옳다면, 그 금지령은 논리적으로 거짓 신의 우상에 적용되는 것이지 모든 종교 이미지에 적용되는 것이 아니다. 루터는 아우구스티누스의 견해를 지지했고, 그 결과 오늘날까지 루터교는 가톨릭교와 더불어 성공회를 비롯한 신교 교파들과는 다른 방식으로 계명들에 번호를 붙이고 있다. (정교회는 아우구스티누스식 연번을 채택하지 않았다. 동방 교회들에 넘치게 많은 종교 이미지들이 한결같이 '새기지' 않은 2차원 성상들인 이유가 여기에 있다.) 그렇지만 츠빙글리는 칼뱅과 마찬가지로 신을 표상하려는 시도를 금지하는 명확한 명령이 성서에 담겨 있다고 보았다. 칼뱅에 따르면 "하느님을 표상하려 시도하는 사람들이 이용하는 그 형상들과 그분은 전혀 닮지 않았으므로 그분을 묘사하려는 모든 시도는…… 그분의 주권과 영광에 대한 무분별한 모욕이다". 이미지는 말 그대로 우상, 그릇된 숭배의 버팀목, 모든 기독교 공동체에서 제거해야 할 전염병이자 오염물이었다.

이상적으로 말하면, 성상파괴운동은 국가의 승인을 받은 단정한 운동이어야 했다. 1524년 한여름에 취리히에서 노동자들과 관리들은 모든 교회에 들어가 문을 걸어 잠근 다음 주민들이 대대로 모아온 성상들을 2주에 걸쳐 철거했다. 회반죽을 발라 하얗게 변한 교회들은 설교를 듣기 위한 회당이 되었다. 튜더 시대 잉글랜드에서 잇따른 성상 제거 업무를 질서정연하게 수행한 것은 교구 위원들이었는데, 아마 정부의 지시를 받아 마지못해 했을 것이다. 그러나 다른 곳들에서 성상파괴운동은 고압적인 변화의 속도를 올리기로 마음먹은 비공식적인 프로테스탄트 행동주의의 급진적이고 민주적인 면모였다. 민중의 성상파괴운동은 이미지와 그것이 표상하는 신념 체계의 '무력함'을 실증하기 위해 특별히 고안한 폭력 의식이 되는 등 대단히 의례적인 형태를 띠기도 했다. (루터가 성상파괴운동에 반대한 이유들 중 하나는 이미지 파괴 자체가 자칫 의례적인 '선행'의 성격을 띨지도 모른다는 것이었다.) 1529년 바젤에서 성상파괴자들은 대성당에서 십자가상을 떼어내 불에 집어던지면서 "네가 신이라면 스스로를 지킬 테고, 인간이라면 피를 흘릴 테지!" 하고 외쳤다. 다른 곳들에서는 피나 오물을 문지르고,

강에 던지거나 변소에 빠뜨리고, 모의 처형에서 '사형'을 집행하는 식으로 성상을 모욕했다. 1537년 스코틀랜드 던디에서는 두 남자가 "성 프란치스코의 이미지를 교수형"시켜 자기들이 수사들을 어떻게 생각하는지 보여주었다는 이유로 당국의 수배를 받았다. 크게 번져가는 민중 성상파괴운동의 물결을 타고 1560년대 초 칼뱅파는 가톨릭의 확고한 권위에 맞서 들고일어났다. 세인트앤드루스의 대학과 대성당에서 존 녹스의 불을 토하는 설교에 흥분한 광신도들이 교회들에 들이닥친 결과, 어느 연대기 편자의 말대로 "해가 지기 전에 헐벗은 벽 말고는 아무것도 남지 않았다". 1559~1562년 프랑스 도시들은 폭력적이고 파괴적인 성상파괴운동을 목격했으며, 이 사태는 종교 내전에 앞서 프랑스가 양극화된 주요 원인이었다. 네덜란드 반란 초기에는 '성상파괴 광풍'이 전국을 휩쓸어 1566년 플랑드르에서만 교회가 400곳 넘게 약탈당했다. 성상파괴는 기존의 종교적 간극을 넓힌 비타협 선언이었으며, 그로 인해 가톨릭교와 신교의 간극만 더 벌어졌던 것은 아니다. 예를 들어 독일에서 칼뱅파가 '제2종교개혁'을 추진하며 성상파괴 사건을 일으키자 그에 대응해 루터파 군중이 폭동을 일으켰다. 그런가 하면 발트 지역에서 신교가 이미지를 파괴하자 이웃한 동방정교회가 깊은 적의를 품게 되었는데, 정교회는 종교개혁가들이 제휴를 기대했음직한 집단이었다. '우상'

의 위상은 1630년대 잉글랜드 신교도들 사이에서 민감한 문제였고, 잉글랜드 내전 발발은 교구 교회들을 '정화'하는 캠페인을 재개한다는 신호였다.

오늘날 우리가 생각하는 미학적 고려사항이 당시 이미지 파괴자들 혹은 옹호자들을 움직인 주된 동기였을 가능성은 작아 보인다. 존 키츠(John Keats)가 말한 "아름다움은 진리이며 진리는 아름다움이다"의 의미를 당대에는 거의 아무도 이해하지 못했을 것이다. 종교 예술의 쟁점은 아름다움이 아니라 바로 진리였다. 아이러니하게도 16세기 중엽 최대 규모의 기독교 성상파괴운동은 칼뱅주의자들이 아니라 가톨릭교도들이 수행한 운동, 즉 새로 획득한 멕시코와 페루 영토에서 이교의 상징들을 정화한 운동일 것이다. 1531년 멕시코에서 프란치스코회 대주교 후안 데 수마라가(Juan de Zumárraga)는 자신이 사원 500곳과 우상 2만 6000개를 파괴하는 일을 통솔했노라 자랑했다.

그와 달리 유럽에서는 오래된 이미지들이 위험에 처한 것을 계기로 일부 사람들이 그것들의 예술적 가치를 곰곰이 생각했을 것이다. 이 시기 가장 중요한 예술품 구출 작업은 1566년 겐트 시 당국이 반 에이크의 비범한 제단화 〈신비한 어린 양에 대한 경배〉를 파괴자들로부터 감쪽같이 빼돌린 활동일 것이다. 행정관들의 동기가 시민적 자부심이었든 문화적 가치관

14. 16세기 멕시코에서 프란치스코회 수사들이 이교의 '우상들'을 불태우는 모습으로, 성상 파괴자들이 전부 신교도였던 것은 아님을 상기시켜준다.

이었든, 예술 애호가들은 그들에게 빚을 지고 있다.

종교 이미지가 구원에 중요하다는 것을 신교측에서 부인하자 그에 대응해 가톨릭 종교개혁은 성상의 가치를 다시 역설하는 한편 예술을 통해 신도들과 하느님을 연결할 새로운 방법을 궁리했다. 트리엔트 공의회는 성인 공경과 이미지의 역할에 관한 교령에서 "모든 성상에서 유래하는 커다란 혜택"을 확언함으로써 평신도들에게 그리스도의 은택과 성인들의 기적을 가르쳤다. 그러면서도 그림의 단정함과 명료함, 교리와의 관련성, "정욕을 자극하는 아름다운" 인물 그리기 금지 등을 고집하여 예술가들에게 자제할 것을 강한 어조로 요구했다. 화가들은 이 난국에 잘 대처하여 실체 변화, 연옥, 동정녀 마리아의 독특한 위상 같은 가톨릭의 핵심 교리를 수긍할 만한 화풍으로 표현했다. 가톨릭 종교개혁 시기에는 예술의 작풍과 기법에 중요한 변화가 일어나기도 했다. 격정적인 바로크 양식은 빛과 그림자, 몸짓과 움직임을 활용해 구경하는 이들이 그리스도의 고통과 성인들의 황홀경에 정서적·정신적으로 공감하도록 유도했다. 로마에 자리한 산타마리아 델라 비토리아 성당의 코르나로 예배당에 소장된 베르니니(Bernini)의 조각상 〈성녀 테레사의 황홀경〉(현대 평론가들은 한결같이 이 작품에 함축된 에로티시즘을 읽어낸다)은 성령이 임재하는 장소로서 인체의 물질성에 주목한 바로크 양식을 예시한다. 수척한 성인과 수사를 그린 에스파냐인 주세페 리베라(Jusepe Ribera)와 프란시스코 데 수르바란(Francisco de Zurbaran) 같은 예술가들은 개혁 가톨릭교의 금욕성을 잘 표현했다. 그렇지만 17세기에 가톨릭 예술가들은 갈수록 고문에 시달리는 '슬픔의 사람'(15세기 예술이 자주 묘사한 이 주제에는 중세 후기 사회의 '구원 불안'이 반영되었을 것이다)보다는 온화하고 희망적인 장면들 ─ 그리스도의 탄생, 수태고지, 성모의 무염시태(無染始胎)와 승천 ─ 을 묘사했다.

가톨릭이 이용한 예술에는 신교에 대적하는 전투적인 측면, 성상 파괴자들에게 '엿을 먹이는' 측면이 있었다. 가톨릭은 동정녀 마리아 이미지로 군기(軍旗)를 장식했는가 하면 1620년 백산 전투에서 이단자들을 완파하고 1571년 중대한 레판토 해전에서 무슬림들을 무찌른 공을 '승리의 성모'에게 돌렸다. 이단은 의인화된 형태로든 루터나 칼뱅을 닮은 인물의 형태로든 승리자 가톨릭에 짓밟힌 모습으로 자주 시각화되었다. 성상파괴운동 자체가 오히려 성상에 애착하는 새로운 관계를 만들어내기도 했으며, 특히 에스파냐령 네덜란드를 비롯한 여러 지역에는 이단자들의 파괴 시도를 저지했다고 하는 기적적인 조각상에 관한 이야기가 있었다. 1587년 에스파냐 카디스를 기습한 프랜시스 드레이크(Francis Drake) 휘하 잉글랜드군 수병들이 동정녀 마리아 조각상을 훼손하자 바야돌리드에

망명해 있던 잉글랜드인 사제들은 그 조각상을 보수하여 공경할 수 있도록 허가해줄 것을 요청했다. 그렇게 수리한 '상처입은 성모(Vulnerata)'는 그들의 예배당에 엄숙히 안치되어 잉글랜드의 개종을 위해 올리는 기도의 중심점이 되었다(지금도 그렇다). '재가톨릭화'가 진행중인 지역들에서 이미지는 승리의 징표이자 전향의 수단이었다. 휑뎅그렁하던 교회들에 조각상, 제단화, 스테인드글라스 창문이 다시 설치되었고, 가톨릭교도 자격을 입증하고자 열을 올리던 신자들이 신심 활동의 일환으로 그 비용을 댔다. 옛 속담대로 이미지가 신앙의 진리를 전하는 교훈적 역할을 수행한 저 멀리 신세계와 아시아에서는 종교 예술이 개종 캠페인의 중심에 있었다. 특히 예수회는 문화적 경계를 넘어서는 이미지의 능력을 확신했다. 그렇다 해도 전도를 받은 각양각색의 사회들은 유럽의 기독교 모델을 그저 흡수한 것이 아니라 토착 전통과 환경에 맞추어 조정했다. 멕시코에서 인디언 특색이 뚜렷한 과달루페의 성모 이미지는 에스파냐의 원형을 대체했고, 흥성하는 숭배 집단의 구심점 역할을 하다가 결국에는 민족 정체성의 상징이 되었다.

신교에서 극단적인 비주류만이 십계명의 제2계명을 조형예술과 시각예술 일체에 대한 금지령으로 받아들였다. 예컨대 잉글랜드 퀘이커파는 유별나게도 벽에 그림 걸어두기를 단호히 거부했다. 종교 이미지 규제는 신교 사회들에서 예술 생산

15. 16세기에 로마에 지어진 제수 성당의 휘황찬란한 내부는 하느님을 찬양하는 시각 예술의 힘을 가톨릭 종교개혁이 신뢰했음을 보여준다.

을 차단한 것이 아니라 생산의 방향을 돌려놓았다. 소(小) 한스 홀바인(Hans Holbein the Younger, 1498~1543)의 경력이 그 동향을 잘 보여준다. 바젤에서 제단화를 그리는 숙련 화가의 일감이 끊기자 홀바인은 잉글랜드로 건너갔고, 그곳에서 튜더 왕조 조신들의 초상화와 헨리 8세의 도상적인 전신 초상화를 그려 사실주의와 인물 묘사의 새로운 기준을 세웠다. 칼뱅주의가 승리한 탓에 예술가들이 세속 후원자와 새로운 주제를 찾아야 했던 네덜란드의 예술 전통에 비하면 잉글랜드의 토착 예술 전통은 보잘것없었다. 기존의 초상화 영역과 더불어 네덜란드 화가들은 풍경화와, 대상을 세심하게 관찰하는 '정물화', 일상생활을 있는 그대로 그리는 풍속화까지 개척했다. 비록 예술가들이 교회를 위한 그림을 생산할 수는 없었지만, 네덜란드에서는 교회의 그림들이 활발히 거래되었고, 교회 내부에 대한 차분하고 엄격한 건축학 연구가 이루어졌다. 17세기 네덜란드 예술에서 종교적 주제는 쫓겨나진 않았으나 구약의 장면들 같은 '역사화'의 형태를 취해야 했고, 성서 속의 '진짜' 배경과 의상을 묘사하며 사건의 서사에 초점을 맞춤으로써 그림을 기도용으로 사용하고픈 유혹을 미연에 방지해야 했다. 렘브란트 판 레인(Rembrandt van Rijn, 1606~1669)은 이의 없는 종교화의 거장으로서 칼뱅주의 예술 따위는 없다는 어떤 주장이든 거짓임을 보여준다. 그럼에도 신교가 예배에서

16. 렘브란트의 회화 〈벨사살 왕의 연회〉(1636~1638?)는 성서의 장면을 성스러운 도상이 아닌 역사로 표현하는 종교화의 새로운 시도를 나타낸다.

예술의 명백한 역할을 제거하고 예술의 주제들 대부분을 비신성화하여 예술과 종교의 분리를 가속화했다는 것은 의심할 여지가 없다. 예술의 자율성—주로 감탄과 기쁨을 불러일으키는 역할을 하는 심미적인 것들의 별개 영역—은 분명 신교 개혁가들의 관심사가 아니었다. 그러나 예술적 재현은 결코 신의 본질을 표현하지도, 은총을 전달하는 수단이 되지도 못한다는 그들의 확신은 예술의 자율성이라는 방향을 가리키고 있었다.

이 전개가 예술에 이로웠는가? 그럴지도 모른다. 예술의 새로운 전망이 열렸다. 그러나 그 대가로 예술에 궁극적 진리가 없음을 인정해야 했다. 렘브란트가 이를테면 카라바조 (Michelangelo Merisi da Caravaggio)보다 위대하고 독창적인 화가인지는 결코 분명하지 않다.

음악

"음악은 신의 말씀 다음으로 가장 높이 칭송받을 가치가 있다." 마르틴 루터는 음악 애호가이자 능숙한 류트 연주자였고, 노래를 이용해 성직자와 평신도를 가르는 벽을 허물고 회중을 예배에 직접 참여시키려 했다. 종교개혁 이전에 음악 문화는 활기차고 다양했다. 토착어로 캐럴을 부르는 민중의 풍습

이 퍼져나갔고, 더 오래된 단성 성가 전통을 수백 년에 걸쳐 서서히 몰아낸 풍성한 라틴어 다성음악(둘 이상의 성부聲部를 동시에 포개어 노래하는 음악)이 있었다. 그렇지만 전례 성가를 부르는 것은 성직자와 직업 또는 반직업 성가대의 전유물이었다. 이런 상황에서 루터는 새로운 음악 형식인 코랄(chorale, 시대착오적이긴 해도 이것을 '찬송가'라 불러도 무방할 것이다)을 개척했다. 코랄은 인기 좋은 속가(俗歌)들과 비슷하게 곡조를 붙이고 예배중에 회중 전체가 부르도록 구상한 독창적인 운문 노래였다. 1524년 요한 발터(Johann Walther)가 편찬한 루터의 『성가 소책자Eyn geystlich Gesangk Buchleyn』는 회중이 합창할 수 있도록 성부를 나눈 노래들을 모아 엮은 신교 최초의 '찬송가집'이었다. 훗날 루터가 작곡한 〈내 주는 강한 성이요 Ein feste Burg ist unser Gott〉는 수백 년간 신교의 애창곡이었다. 16세기 말까지 루터교 찬송가는 4000곡가량 발표되었다. 바이에른 공작 막시밀리안의 예수회 고해신부 아담 콘첸(Adam Contzen)은 1620년에 격분한 어조로 썼다. "루터의 찬송가가 그의 글이나 열변보다 영혼들을 더 많이 죽였다." 결국 찬송가는 모든 기독교 교파에서 불리게 되었지만(오늘날 〈내 주는 강한 성이요〉는 가톨릭 찬송가집에도 들어 있다), 기독교 문화에 찬송가를 더한 공은 명백히 루터교에 있다. 루터교의 찬송가 문화는 신교 세계의 다른 곳들로 수출되었고, 그중 18세기 잉글랜드에서 아이작 왓츠(Isaac Watts)와 찰스 웨슬리(Charles Wesley) 같은 찬송가꾼들은 이 예술을 완성했다.

루터는 종교음악에 관대하게 접근했다. 라틴어 텍스트를 허용했고, 다성음악에 감탄했다. 종교음악에 관한 한 루터는 인문주의자 에라스뮈스보다 교양 수준이 높았다. 에라스뮈스는 "우렛소리 같은 소음과 우스꽝스럽게 뒤섞이는 성부들"을 싫어했고, 현학자마냥 음악은 성서 텍스트를 명료하게 수용하는 데 필요한 수단 이상이 되어서는 안 된다고 생각했다. 루터 이후 루터교 음악은 새롭고 모험적인 경로로 들어섰다. 예컨대 코랄 형식에 독창 악절과 기악 악절을 추가해 오라토리오(Oratorio)의 발전에 이바지했다. 17세기에 루터교 작곡가 하인리히 쉬츠(Heinrich Schütz)와 디트리히 북스테후데(Dietrich Buxtehude)는 성서 구절에 곡조를 붙인 대규모 합창곡을 비롯해 다양한 형식들을 거장다운 솜씨로 실험했다. 루터가 처음으로 시도한 코랄 실험과 그 실험의 직계 후계자로서 역사상 가장 창조적인 천재인 J. S. 바흐(Johann Sebastian Bach)의 전집 사이에는 뚜렷한 연속성이 있다.

츠빙글리는 그러한 예술적 후손이 있다고 주장하지 못한다. 루터처럼 재능 있는 음악가이긴 했으나 츠빙글리는 음악을 회화와 거의 같은 범주에 집어넣었다. 다시 말해 불순물이 섞이지 않은 순수한 하느님 경배를 음악이 어지럽힌다고 보았다. 취리히의 교회들은 오르간을 치웠고, 예배에서 모든 형태의 노래와 성가를 뺐다. 칼뱅 역시 오르간과 악기를 거부하긴 했지만, 그와 그의 추종자들은 성서 자체에 주님을 노래로 찬양하라는 지시가 담겨 있다는 사실에 더 공감하여 다윗의 시편을 찬양용 가사로 제공했다. 운문으로 바꾼 시편에 곡조를 붙이는 일은 개혁파 교회의 문화적 장기가 되었고, 그렇게 만든 노래를 부르는 일은 그들의 종교적 정체성을 나타내는 결정적인 표지가 되었다. 작곡 규칙은 엄격했다. 가사를 알아듣게 한다는 목표를 다른 무엇보다 중시해서 대위법을 쓰지 않았다. 이상적으로 말하면 음절마다 음이 하나만 있어야 했다(알고 있는 독자는 "땅 위에 거하는 모든 사람들아"로 시작하는 〈옛 찬송가 100장 Old Hundredth〉의 익숙한 곡조를 떠올려보라). 그 결과로 노래가 단조로워질 우려가 있었지만, 축구장의 계단식 입석 단골들은 알고 있듯이 밀집된 무리가 단순한 선율과 익숙한 가사를 함께 노래하는 행위는 감흥을 일으키고 사기를 높이는 효과를 발휘할 수 있다. 칼뱅과 테오도루스 베자의 감독하에 편찬된 '제네바 시편 찬송집'은 판을 수없이 거듭하며 무수히 팔려나갔다. 프랑스에서 이미 운율 시편에 곡조를 붙이기 시작했던 망명 작곡가 클레망 마로(Clément Marot, 1497~1544)는 시편 찬송에 중대한 기여를 했다. 마로의 시편 찬송가는 위그노 운동의 투쟁가가 되었다. 시편의 구절들은 대개 우리의 확신이 적의 공세에 시달린다는 의식과 신앙심 없는 자들을 마땅히 응징하려는 바람을 표현하고 있어서 전장에서 군사적 저항에 곁들이기에 적합했다. 위그노군은 시편 제68편("하느님께서 일어나시면 원수들 흩어지고 맞섰던 자들 그 앞에서 달아나니")을 가장 좋아했고, 훗날 잉글랜드 의회파 사령관 올리버 크롬웰도 그러했다. 시편은 개혁파 예배에서 회중의 노래로 불리기도 했다. 흔히 선창자가 각 시구의 가락과 음조를 '안내'하면 회중이 그에 맞추어 큰 소리로 따라 불렀다. 이 관습은 스코틀랜드의 웨스턴아일스에서 지금도 영묘한 게일어로 들을 수 있다. 16세기 잉글랜드에서도 신교 회중들이 시편 노래하기를 기민하게 채택했으며, 토머스 스턴홀드 (Thomas Sternhold)와 존 홉킨스(John Hopkins)의 운율 시편은 근대 초기에 가장 빈번히 출간된 텍스트였다. 그렇지만 종교적 보수주의자이자 문화적 속물인 엘리자베스 1세는 운율 시편의 팬이 아니었고, 시편 찬송을 '제네바 춤곡'으로 업신여겼다고 한다.

트리엔트 공의회에서 전례 음악에 내린 처방은 시각예술에 관한 지시와 비슷했다. 교회음악은 "음란하거나 불순한" 함축을 피해야 했고, 속가의 선율을 차용해 작곡하는 미사곡 (소위 '패러디 미사곡')이 금지되었다. 가사는 분명하고 이해할 수 있어야 했다. 그럼에도 16세기 후반에 다성음악 작곡가들—라소(Orlando di Lasso), 팔레스트리나(Giovanni Pierluigi da Palestrina), 버드(William Byrd), 빅토리아(Tomás Luis de Victoria)—은 역설적으로 이런 제약 덕분에 역사상 가장 아름다운 미사곡과 모테트(motet: 시편의 시를 비롯한 성서의 구절에 곡을 붙인 무반주 다성 성악곡) 중 일부를 자유롭게 창작할 수 있었다. 종교음악은 한편으로는 가톨릭 종교개혁의 의기양양한 면모를 표현했고, 다른 한편으로는 가톨릭 세속 통치자들의 염원을 알리는 역할을 했다. 예컨대 베네치아의 산마르코 대성당은 공화국을 소리로 찬양하기 위한 음악당이 되었고, 조반니 가브리엘리(Giovanni Gabrieli)와 클라우디오 몬테베르디(Claudio Monteverdi)는 이곳의 특별한 음향을 최대한 활용했다. 시각 이미지와 마찬가지로 음악은 가톨릭교가 세계무대로 진출하고 토착 문화들에 뿌리내리는 과정에서 제 역할을 했다. 아메리카 대륙에서 찬송가는 현지 언어들로 작사되었고 지역의 선율 전통에 의존했다. 인도의 고아와 필리핀에서, 그리고 18세기 신세계에서 다성음악과 다성합창 공연에 채용된 토착민 가수들과 연주자들은 현지에서 좋아하는 각양각색의 바로크 작곡법들을 창안했다. 오늘날에는 두려움을 모르는 음악학자들만이 라틴아메리카 전역의 도서관과 교구 문서고에서 그 작곡법들의 전모를 밝히려 애쓰고 있다.

이처럼 종교개혁은 그 자체가 다양한 음악 형식들을 낳은 다성음악 연주였으며, 그 형식들은 경쟁관계인 교파들이 등장해 입지를 다져가며 독특한 문화적 국면을 형성하는 데 일조했다. 개중에는 놀라운 종결부도 있었다. 잉글랜드 종교개혁은 여차저차해서 주교좌성당들을 담당하는 정교한 성직자 조직을 해체하지 않고 그냥 놔두었다. 그 성직자들은 다양한 신교 예식을 공들여 노래로 각색하는 노력을 이어갔고, 결국 유서 깊은 '성공회' 합창음악 전통의 토대를 닦았다. 신교 세계 전역에서, 그리고 정도는 덜하지만 가톨릭 세계에서, 종교음악은 민중 문화를 형성하는 한편 그 문화에 의해 형성되었다. 사람들은 곡조를 익히면서 거기에 딸린 종교적 메시지를 내면화했으며, 음악은 사회적 연대와 공동체의 신앙 정서를 표현하는 핵심 매체였다. 현대 영국에서 교회 다니기가 쇠퇴하면서 나타난 애석한 부작용은 오늘날 비교적 소수의 사람들만이 정기적으로 노래를 부른다는 것이다.

극과 문학

종교개혁이 유럽 문학의 발전에 끼친 영향을 제대로 평가하려면 도서관 전체가 필요할 것이다. 종교개혁 신학의 직접적인 영향을 깊고도 분명하게 받은 '정전(正典)' 작품들이 몇 편 있다. 에드먼드 스펜서(Edmund Spenser)의 『선녀 여왕Faerie

Queene』, 존 버니언(John Bunyan)의 『천로역정Pilgrim's Progress』, 존 밀턴(John Milton)의 『실낙원Paradise Lost』 등이 그 예다. 그러나 "소설은 사실상 신교의 예술 형식으로…… 자유로운 정신, 자율적 개인의 산물이다"라는 조지 오웰(George Orwell)의 주장은 역사적으로 뒷받침하기 어렵다. 한 가지 이유는 자유로운 정신 또는 자율적 개인을 종교개혁이 뚜렷하게 지지하지는 않았기 때문이고, 다른 이유는 우리가 생각하는 소설의 가장 뛰어난 초기 작품들 중 일부─미겔 세르반테스(Miguel Cervantes)의 『돈키호테Don Quixote』(1605), 한스 폰 그리멜스하우젠(Hans von Grimmelshausen)의 『짐플리치시무스Simplicissimus』(1668)─를 가톨릭 저자들이 썼기 때문이다. 그럼에도 토착어들로 번역되어 어디에나 보급된 신교의 성서가 문해력 확산의 주된 동력이었고 따라서 결국 독서 공중의 발달에 크게 기여했다는 것은 의심할 나위가 없다. 상황이 복잡하긴 해도, 근대 들어 가톨릭 국가들의 문해율은 대체로 신교 국가들의 문해율보다 낮았다.

한 가지 문학 형식─희곡─은 참여하거나 알아듣는 데 문해력이 필요하지 않았다. 중세 후기 유럽에는 견고한 종교극 전통이 있었다. 등장인물들이 악덕과 미덕을 상징하는 도덕극, 구약의 사건이나 그리스도의 생애와 수난을 연출하는 신비극 등이 그 전통에 속했다. 15세기 프랑스, 독일, 잉글랜드의 도시들에서 연극의 공연 주기는 공적 생활 및 시민 정체성과 밀접하게 얽혀 있었다. 그러므로 종교개혁 초기에 도시 개혁가들이 신교의 메시지를 퍼뜨리고자 이 장르를 이용한 것은 놀랄 일이 아니다. 베른의 예술가 니클라우스 마누엘(Niklaus Manuel)은 성직자들을 풍자하는 희곡을 몇 편 썼고, 잉글랜드의 복음주의자 존 베일(John Bale)도 도덕극 형식을 각색하여 가톨릭 등장인물들을 '선동'과 '음폐'라고 부르며 조롱하는 작품들을 썼다. 뉘른베르크에서 개혁가 한스 작스(Hans Sachs, 바그너의 오페라 〈뉘른베르크의 명가수〉의 주요 배역 중 하나)는 신교 희곡을 200편 넘게 집필했다. 16세기 후반 들어 특히 잉글랜드에서 신교는 연극이 무질서와 타락을 불러올 가능성을 두려워하는 등 일종의 연극 불안증을 겪었다. 청교도들은 현실을 흉내내는 행위 자체에 본질적으로 우상 숭배적인 측면이 있을지 모른다고 우려했다. 그렇지만 도덕론자들의 반감에도 아랑곳없이 엘리자베스 시대 런던에서는 전문직 배우 겸 극작가들이 활동하는 상업 극장들이 호황을 누렸다. 회화의 경우와 마찬가지로, 신교에서 신성한 것과 속된 것의 혼합을 불안해한 덕분에 연극은 종교적 진리를 표현한다는 주요한 임무에서 벗어나 성숙할 수 있었다. 그렇다고 해서 런던 연극계의 관심사가 '세속적'이었다거나 신교 사회의 문화적 형성과 무관했다는 뜻은 아니다. 강경한 반가톨릭 주제들은 크리스토퍼 말로(Christopher Marlowe)의 『파리에서의 학살The Massacre at Paris』, 존 웹스터(John Webster)의 『말피 공작부인The Duchess of Malfi』, 토머스 미들턴(Thomas Middleton)의 『체스 한 판A Game at Chess』 같은 작품들에서 공명을 일으켰다. 셰익스피어의 세계관이 과연 신교도의 세계관이었는지, 가톨릭교도의 세계관이었는지, 그것도 아니면 무신론자의 세계관이었는지를 둘러싼 논쟁이 그 자체로 산업이 되어오긴 했지만, 여하튼 셰익스피어의 극작품들에도 종교적 주제들이 스며들어 있다.

종교개혁은 좋았든 나빴든 예술 변화의 중대한 동인이었고, 근대 초기 유럽에서 사람들이 상상할 수 있는 가능성들에 심대한 영향을 끼친 인자였으며, 근대 유럽 국가들이 그토록 판이한 문화적 궤도들을 그려나간 이유를 설명하는 주된 요인이었다. 신교가 시각에서 청각으로, 이미지에서 수용하고 듣는 말씀으로의 패러다임적 변화를 대변했다는 주장에는 분명히 과장된 측면이 있다. 그렇다 해도 하느님을 표상하는 방법과 하느님의 임재 사이의 관계에 합의할 수 없었던 가톨릭교도들과 신교도들은 근본적으로 상이한 방식으로 현실을 인식하게 되었다.

제 6 장

타자

매년 11월 5일이면 이스트서식스 주 루이스의 주민들은 한데 모여 반가톨릭 구호를 외치고 교황 모형을 불태운다. 요즘은 정치적으로 올바른 시절인 만큼 참가자들은 소소한 전율을 느끼곤 한다. 한때 잉글랜드 전역에서 행했던 17세기 전통을 이어가는 이 행사는 메리 튜더 치세에 루이스에서 화형당한 신교 순교자 17명을 기리는 상징적 복수 행위다. 이 행사(아울러 이날 기념하는 순교 사건)는 종교개혁 시대에 널리 퍼졌고 지금도 다양한 세속적·종교적 외양을 두른 채로 우리 곁에 있는 심성을 예증한다. 바로 배제당한 소수집단을 정형화하고 비인간화함으로써 다수집단의 정체성을 강화하려는 욕구다. 종교개혁이 진행됨에 따라 기독교권 유럽의 경계 안팎에서는 그런 이질적인 존재들과의 접촉과 대립이 줄을 이었다. 현실에 있기도 했고 상상 속에 있기도 했던 그 '타자들'의 운명을 검토함으로써 우리는 종교개혁이 어느 정도나 완고한 편협성의 수단인 동시에 역설적으로 다원주의와 사회적 관용으로 나아가는 경로였는지를 이해할 수 있다.

이단자

1553년 10월 27일, 에스파냐인 의사 미카엘 세르베투스(Michael Servetus)는 제네바 성벽 밖에서 화형당했다. 세르베투스는 '삼위일체 반대론자'로서 예수는 인간의 육신을 입은 신이 아니라 그저 인간, 전능하신 하느님의 선지자라는 충격적인 견해를 제기했다. 칼뱅파 교도들이 그를 붙잡아 불태우지 않았다면 가톨릭교도들이 그렇게 했을 것이며, 그가 부당한 처분을 받았다고 여기는 점잖은 사람은 유럽 어디에도 거의 없었다. 칼뱅에 의해 쫓겨난 제네바 교사 세바스티앙 카스텔리오(Sebastian Castellio)는 『이단자들을 처형해야 하는가De haereticis, an sint persequendi』라는 책자에서 그들을 처형해서는 안 된다고 주장했다. 그러나 이것은 별난 의견이었다. 이단은 최악의 범죄, 하느님에게 정면으로 맞서는 범죄였다. 이단자에게 교수형은 문자 그대로 과분한 처벌이었고, 이단자의 육체를 불태우는 것은 사회를 정화하는 의식, 이단자의 영혼을 틀림없이 집어삼킬 지옥불을 예고하는 상징적 행위였다.

루터가 속했던 아우구스티누스회의 수사 두 명이 브뤼셀에서 화형당한 1523년부터 17세기 중엽까지 서유럽에서 남녀 약 5000명이 종교적 믿음을 이유로 법적으로 처형되었다. 그들은 교회와 협력하는 국가 권력에 의해 처형되었다. 그들 대다수는 특히 이 기간의 초기에 가톨릭 당국에 의해 처형되었다. 나중에 잉글랜드, 아일랜드, 네덜란드에서 신교도들은 가톨릭교도들, 특히 사제들을 사형에 처했다. 다만 신앙 때문에 고통받는 신교도들의 도덕적 우위를 유지하기 위해 '이단'보다는 '반역죄'를 공식적인 처형 이유로 들곤 했다. 오늘날 세계교회주의적 정서는 이렇듯 신앙 때문에 처형당한 모든 이들에게 '순교자' 칭호를 붙이지만, 16세기였다면 누구든지 그런 칭호에 성을 냈을 것이다. 순교의 관건은 죽었다는 사실이 아니라 대의의 올바름이라는 성 아우구스티누스의 오래된 판단에 가톨릭교도와 신교도 공히 동의했다(기실 이를테면 이슬람 자살 폭파범들에게 '순교자' 칭호를 부여하기를 꺼리는 우리 대다수는 여전히 이 판단에 동의하고 있는 셈이다). 어느 집단에게는 이단자를 처형한 일이 다른 집단에게는 순교자의 영웅적 죽음이 되는 식으로 동일한 사건이 근본적으로 상이한 방식으로 해석되고 기념되었다. 순교는 진영들을 규정하고 나누었으며, 어느 진영이든 순교를 번복하는 경우는 없었다. 종교개혁의 첫 순교자들인 헨드릭 포스(Hendrik Vos)와 요한 판 덴 에센(Johann van den Esschen)의 최후 발언은 신념을 철회하느니 죽음을 받아들인 모든 이들의 사고방식을 대변했다. "우리는 하느님과 하나의 기독교 교회를 믿는다. 그러나 우리는 당신네 교회를 믿지 않는다." 순교의 정의상 순교자들은 확고부동한 신념을 가진 사람들이었고, 그들을 설득해 굴복시키지 않고 제거하는 당국은 일종의 패배를 인정하는 셈이었다. 순교자들과 순교자가 되려는 이들은 어느 종교 집단에서나 소수파였지만, 변화의 속도를 올리고 타협을 무산시키는 힘을 가진 소수파였다. 그들은 대의의 빛나는 상징이자 연약한 교우들을 격려하는 존재로서 열렬한 추모를 받았다. 그 과정에서 인쇄기가 중요한 역할을 했다. 엘리자베스 1세 정부가 선교 사제들에게 자행한 만행을 상세히 묘사한 판화를 보면서 가톨릭권 유럽은 자랑스러워하고 또 분노하며 눈물을 흘렸다. 프랑스 위그노교도들은 장 크레스팽(Jean Crespin)의 편찬물에서 자기네 순교자들에 관한 증언을 읽었고, 잉글랜드 신교도들은 16세기부터 19세기와 그 이후까지 존 폭스(John Foxe)의 『순교자 열전Book of Martyrs』에 수록된 이야기와 생생한 삽화를 보며 자랐다.

그런데 종교 때문에 불타 죽은 사람들 거개는 신교의 위엄

Seuen godly and conſtant Martirs, ſuffering
together at one tyre in Smithfield.

17. 폭스의 『순교자 열전』에 실린 목판화로, 1556년 스미스필드에서 신교도 7명이 한
꺼번에 화형당하는 장면이다. 잔존하는 출간본들을 검토한 바에 따르면, 폭스의
텍스트에서 이처럼 마음을 뒤숭숭하게 하는 삽화들을 독자들이 가장 유심히 살펴
봤다고 한다.

있는 순교사 기록에서 찾아볼 수 없다. 그들이 '그릇된' 이유로 죽은 재세례파였고, '운동'이라 부르지 못할 정도로 느슨하고 이질적인 요소들로 이루어졌던 이 현상의 대변인들을 신교 정부들이 가톨릭 정부들 못지않게 단호하게 추적하고 처벌했기 때문이다. 종교개혁은 1527년에 취리히에서 펠릭스 만츠(Felix Mantz)를 처형하면서 처음으로 자체 법률에 의존했다. 스위스 신교 당국은 독특하게도 만츠를 불태우지 않고 물에 빠뜨려 죽였는데, 이는 성인 재세례를 잔인하리만치 우스꽝스럽게 욕보인 조치였다. 우리는 재세례파를 향한 적대감의 강도로 미루어 그들이 거부한 가치와 관행이 기존 당국에 사회적·정치적으로 중요했음을 알 수 있다. 재세례파는 그리스도의 신성이나 삼위일체 같은 근본적인 교리들을 대개 부인했을 뿐 아니라, 기독교 사회의 구조 자체를 위협하는 지독하게 반사회적인 부류로 보였다. 자기네 교파의 신자들만이 구원받을 수 있다고 믿은 재세례파는 교회와 국가가 단일한 기독교 공동체의 상보적인 두 측면이라는 관습적인 가르침을 거부했다. 오히려 그들은 군복무 의무를 불이행하고, 법정 절차의 토대인 선서를 거절하고, 시민과 길드원 신분의 의무를 거부하는 등 근대 초기 모든 도시에서 시정에 참여하지 않았다. 그들의 성인 세례 주장은 그들 나름의 사회를 따로 만들고픈 욕구를 상징했다. 대다수 재세례파는 특히 16세기 후반에 평화주의자였지만, 재세례주의는 전투적인 면모를 가지고 있었고, 1534~1535년에 일어난 충격적인 사건에 책임이 있었다—생각이 올바른 모든 기독교도의 마음에 위험과 일탈의 정형을 각인시킨 '9·11' 같은 순간이었다. 네덜란드 출신 망명자들과 동맹을 맺은 재세례파 집단은 독일 북서부의 주교령 도시 뮌스터를 폭력적으로 장악했다. 그들의 지도자는 스스로 새로운 예루살렘의 왕위에 올랐다. 사유재산이 폐지되고 도시 기록이 파괴되었다. 도시에 여성이 과잉 공급되는 상황에서 일부다처제가 의무로 선포되었다. 이 변고에 기성 권력들이 얼마나 당황했던지, 신교도인 헤센의 필리프가 가톨릭 주교 프란츠 폰 발데크(Frantz von Waldeck)의 뮌스터 탈환을 지원하기까지 했다. 뮌스터 사태 이후 독일과 스위스, 오스트리아에서 재세례주의는 박해를 받아 거의 자취를 감추었다. 야코프 후터(Jakob Hutter)의 추종자들이 그들 나름대로 조직한 공동체에서 재산 공유를 실천한 동유럽에서 재세례주의는 더 오래 살아남았다. 18세기와 19세기에 동유럽을 비롯한 지역들의 재세례파는 미국으로 이민을 갔으며, 그곳에서 후터파와 아미시파의 후손들은 지금도 타락하는 세속적 사회로부터 떨어져 소박한 삶을 실천하고 있다.

이단이나 가톨릭교도의 반역죄에 대한 처형은 대부분 1600년 이전에 집행되었다. 교파들을 가르는 경계선이 갈수록 선명해지고 완고해졌음에도, 종교적 소수집단을 박해하여 일소할 수 없다는 것이 여러 지역에서 분명하게 드러났다. 국가의 경계 안에서 단 하나의 종교만 믿는다는 허구를 지키려는 노력이 이루어지긴 했지만, 비국교도들이 일요일마다 국경을 넘는 관행(독일어로는 달아난다는 의미의 아우스라우프Auslauf라 불렸다)이 암묵적으로 허용되었다. 칼뱅파 팔츠의 가톨릭교도들은 이웃한 슈파이어 주교령에서 미사에 참례했고, 합스부르크령 슐레지엔의 루터교도들은 국경 넘어 작센으로 가서 예배를 드렸다. 교회임을 가리키는 외부 표시가 없어야 한다는 단서를 붙여 비국교도들에게 비공식 예배 장소를 허용하는 대안도 있었다. 아일랜드 도시들의 뒷골목에서는 가톨릭 '미사주택'이 빠르게 확산되었고, 네덜란드 가톨릭교도들은 거리에서 보면 평범한 상인 주택이지만 안으로 들어가면 놀랄 만큼 정교한 비밀 교회에서 예배를 올렸다. 몇몇 독일 도시들(그중에서도 아우크스부르크)은 공식적으로 '이중 교파'였다. 이곳에서 루터파와 가톨릭파는 노래와 행렬, 풍자 의식을 이용해 공공장소에서 각자의 존재감을 선전했다. 도시의 주요 교회를 소유할 권리는 분쟁을 일으키는 근원이 되곤 했다. 그 교회를 공유하는 것이 한 가지 해결책이었다. 일각에서는 이 해결책을 사실상 신성모독으로 보았고, 17세기 초에 교황은 교회 겸용에 맹비난을 퍼부었다. 그럼에도 이 관행은, 비록 오늘날 생각하는 '교회통합운동'은 결코 아니었지만, 널리 퍼졌다. 도시들은 정확한 규정을 정해 교파별로 교회를 사용할 수 있는 시간과 방법을 통제했으며, 교파들은 사소한 규정 위반이라도 잡아내고자 서로를 빈틈없이 감시했다.

용인과 관용은 같지 않다. 후자는 다양성 그 자체의 수용을 함축하는 근본적으로 근대적인 태도이자 상반된 관점을 이해하려는 시도다. 당국들은 원칙이 아니라 실용적인 이유 때문에 비국교도들을 마지못해 '용인'했다. 보통 평화가 종교적 내전보다는 나아 보였기 때문이다. 이것은 베스트팔렌 조약에서 사적 숭배의 권리를 인정한 이유이기도 했다. 공동체들 내에서 용인은 협의된 사회적 관행이었으며, 종교개혁 시대 막바지에 '관용의 등장'이 곧장 이루어진 곳은 없었다. 어떻게 보면 흐름이 오히려 역전되었다. 예를 들어 네덜란드에서 가톨릭교도와 신교도의 결혼은 17세기의 초보다 말에 더 적었다. 17세기 말까지, 그리고 18세기 들어서도 격렬한 종교적 폭력과 불관용 사건이 심심치 않게 발생했다. 예컨대 1685년 루이 14세는 낭트 칙령을 철회했고, 1731년 잘츠부르크 대주교령에서 대규모 루터파 소수집단이 추방당했다. 그러나 18세기 후반 들어 종교개혁의 산물인 종교적 다원주의가 대부분의 주요 군주국들에서 마침내 법적 승인을 받았다. 그로써 잉글랜드와 프로이센의 가톨릭교도, 프랑스에 잔존하고 있던 위그노파, 합스부르크령의 칼뱅파가 제한된 시민권을 부여받았다.

무슬림과 유대인

종교개혁기 유럽에서 종교적 대립과 협상이 기독교 내부에만 국한되었던 것은 아니다. 인접한 이슬람은 중세의 기독교권 유럽에 주요한 정치적·문화적 '타자'였다. 기독교는 이슬람과 계속 대립하면서도 종교개혁을 계기로 보편화를 지향하는 이 일신교와 복잡한 관계를 맺게 되었다. 신교가 입지를 다지는 동안 이슬람은 유럽의 동쪽에서는 전진하고 서쪽에서는 후퇴했다. 1453년 콘스탄티노플을 함락한 뒤 이슬람군은 발칸 반도를 거쳐 유럽으로 진격해 1526년 헝가리 왕을 완파하고 1541년 부더를 점령했다. 그러는 사이 중세 에스파냐의 이슬람 문명은 1492년 그라나다가 함락되어 결국 허물어졌다. 에스파냐 무슬림들은 곧 개종 아니면 추방이라는 냉혹한 선택에 직면했다. 대다수는 열의도 신념도 없이 개종을 선택했다. 예전 기독교 이웃들은 조롱조로 그들을 '모리스코(Morisco)'라 불렀고, 종교재판은 그들이 정통 신앙에서 탈선하지 않았는지 면밀히 조사했다. 15세기 말부터 에스파냐는 그들의 전통 의상과 식사 관습을 점차 제약했고, 펠리페 2세는 그들에게 자녀를 기독교도 가정으로 보내 교육받게 하라고 명령했다. 그러자 알푸하라스 지역 마을들의 모리스코 주민들이 반란을 일으켰다(1568~1570). 그 여파로 모리스코들은 북아프리카의 잠재적 동맹들로부터 더 멀리 떨어진 곳으로 이주해야 했고, 1609년 대규모 인종 청소를 당해 에스파냐에서 완전히 쫓겨났다. 에스파냐 가톨릭교의 호전성은 몇몇 전선에서, 즉 네덜란드와 잉글랜드의 이단자에 맞서, 지중해에서 무슬림의 전진에 맞서, 그리고 국내에서 적과 내통하는 이슬람에 맞서 신앙을 방어해야 한다는 의무감에서 주로 비롯되었다. 다른 서유럽인들에게도 이슬람은 멀리 떨어져 있는 도깨비 이상이었다. 북아프리카 해적은 지중해 전역과 대서양 해안 지대에서 활동했고, 17세기 들어서도 한참 동안이나 아일랜드와 잉글랜드 서부의 연안 정착지들을 습격했다. 대략 1530년부터 1640년까지 서유럽 기독교도 약 100만 명이 해적에게 붙잡혀 아프리카에서 노예가 되었다는 놀라운 통계가 있다. 그들 중 상당수가 새로운 주인들의 종교로 개종했다는 사실은 두고두고 충격과 경악을 야기했다.

대체로 신교도들은 무슬림들을 가톨릭이라는 공동의 적에 맞서 함께 싸우는 전우로 환영하지 않았다. 실제로 1571년 비오 5세의 신성 동맹이 레판토에서 오스만 해군을 무찌르자 가톨릭권 유럽뿐 아니라 신교권 유럽에서도 승전을 두루 경축했다. 이슬람은 그리스도의 신성을 부인했고, 따라서 루터에게 무슬림은 그저 하느님의 적이었다. 가톨릭권 유럽 대부분에서 유통기한을 한참 넘겨서까지 오랜 세월 쓰여온 십자군 수사법을 루터는 구사하지 않았다. 복음을 전한답시고 무력을 사용해서는 안 될 일이었다. 그러나 루터는 다가오는 최후의 날들과 오스만 제국을 확실히 연관지었고, 그의 마음속에서 교황과 '튀르크족'은 적그리스도 역할을 줄곧 분담했다. 중세의 일부 논자들은 이슬람을 엇나간 '기독교 분파'로 여겼고, 원론적으로는 이슬람과의 공통 기반을 찾을 수 있다고 보았다. 그러나 '신앙 간 대화'는 루터의 머릿속 어휘에 없는 표현이었다. 1542년 루터는 라틴어로 번역되어 인쇄된 코란을 후원하는 데 일조했는데, 종교적 개방성 정신을 가져서가 아니라 적의 견해를 알리고 논박할 수 있었기 때문이다.

그럼에도 이슬람은 종교개혁의 전개에서 제 역할을 했다. 그리고 그 역할은 독일 신교도들에 대응하는 카를 5세의 주의를 돌려놓고 펠리페 2세가 네덜란드 반란에 주력하지 못하게 막는 데 그치지 않았다. 오스만 제국은 점령한 동유럽에서 (그라나다를 재정복한 에스파냐와 달리) 신민들에게 개종을 강요하지 않았고, 기독교 세력들의 분열상을 흡족하게 지켜보았을 뿐 신교 선교사들의 활동을 방해하지 않았다. 또한 이 신흥 종교를 얼마간 궁금해하고 그 신앙에 비교적 공감하기도 했다. 십자군을 선동한 교황은 이슬람의 숙적이었다. 이슬람은 칼뱅주의가 종교적 이미지를 거부한 입장에 공감했고, 삼위일체 반대론자들의 주장에 더더욱 공감했다. 무슬림들에게 세 가지 면모를 지닌 기독교의 신은 언제나 역겨운 다신교로 보였다. 가장 급진적인 재세례파는 사실 기독교가 통제한 어떤 국가보다도 오스만 영토에서 박해받을 위험이 낮았고, 아량이 넓고 다원주의적인 기독교 사회들은 다분히 아이러니하게도 술탄의 후원을 받으며 처음으로 형성되었다. 이슬람교와 이슬람 사회에 관한 서유럽의 호기심은 16세기와 17세기에 점점 늘어난 인쇄물까지 거슬러올라갈 수 있다. 대개 이 호기심은 노예 시장과 하렘, 그리고 튀르크인 남녀 모두의 성향이라고 추측한 동성애에 대한 노골적으로 적대적인 관심 또는 관음증적·'오리엔탈리즘적' 관심이었다. 그러나 특히 17세기 후반에 다른 문헌들은 이슬람을 더 공정하고 정확하게 기술하려 시도했다. 일부 저자들은 기독교 사회의 결점을 부각하고자 절제, 자선 기부, 여성의 정숙 같은 튀르크인의 '미덕'을 강조하기까지 했다. 종말론적 관점이 아닌 다른 관점으로 이슬람에 관해 기술하기 시작한 이런 민족지 문헌들은 유럽 기독교도들이 다른 신념체계를 상상하고 '종교'를 '사회'로부터 분리할 수 있는 범주로 인식하는 데 이바지했다.

튀르크인이 가깝지만 외부에 있는 '타자', 즉 기독교 사회를 비추는 거울이었다면, 오랜 세월 기독교 사회 내부에서 염

증성 이물질로 존재해온 유대인은 다른 종류의 난제였다. 기독교인과 유대인의 관계야 예로부터 줄곧 어려웠지만, 고중세와 중세 후기에 대중적·공식적 반유대 감정이 더욱 격화되어 1290년 잉글랜드에서, 1306년 프랑스에서, 1492년 에스파냐에서(그라나다 정복을 기념해), 1497년 포르투갈에서 유대인이 추방되었다. 유대인이 잔류를 허용받은 곳에도 그들을 향한 분노가 두고두고 폭발할 가능성이 남아 있었으며, 유대인이 기독교도 소년들을 납치하고 살해하여 그들의 피를 유월절 무교병(無酵餅)을 굽는 데 사용한다는 '피의 비방'이 그런 분노를 부채질하곤 했다. 이와 관련된 혐의는 성체 신성모독이었다. 기독교인은 유대인이 축성받은 성찬용 제병을 훔쳐서 고문함으로써 예수의 육신에 대한 폭력을 영속화하려 든다고 믿었다. 수사들이 설교하면서 유대인을 향한 적의를 부추기는 경우도 왕왕 있었지만, 대체로 보아 세속 당국과 종교 당국은 도시 경제와 국가 재정 조달에 유대인이 중요하다는 사실을 유념하여 민중의 반유대 폭력을 제지하려 했다.

루터의 1523년 팸플릿 『예수 그리스도는 유대인으로 태어나심Dass Jesus Christus ein geborener Jude sei』은 유대인을 정중하고 친절하게 대할 것을 촉구하는 등 관계의 새 출발을 약속하는 것처럼 보였다. 그렇지만 이는 차이 존중이 아니라 개종 전략이었고, 그전에도 비슷한 접근법을 옹호한 이들이 있었다.

그런데 유대인이 복음으로 귀의하지 않았을 뿐 아니라, 모라비아에서 급진적 분파가 기독교의 안식일을 토요일로 다시 지정할 것을 주창한다는 소식이 루터에게 전해졌다. 이 사건은 루터에게 유대교 부흥의 전조처럼 보였다. 루터의 다른 팸플릿 『유대인과 그들의 거짓말에 관하여Von den Juden und ihren Lügen』(1543)은 음울한 읽을거리다. 여기서 루터는 탈무드(유대인의 율법과 전통을 집대성한 텍스트)를 압수해 파기하고, 랍비의 가르침을 금지하고, 유대교 회당을 불태우고, 유대인을 추방할 것을 주장했다. 이 텍스트에 담긴 루터의 독설은 오늘날 생각하는 '인종적' 비방이 아니라 종교적 비방이었지만, 훗날 1930년대 독일에서는 인종적 독해를 선호했다. 일부 개혁가들은 루터가 지나쳤다고 보면서도, 유대인은 기껏해야 복음의 제안을 고의로 심술궂게 일축하고 있을 뿐이라는 입장에서 벗어나지 않았다. 실제로 교황파와 유대인은 '행위를 통한 의로움'에 사로잡혀 있고 의례와 규칙에 집착한다는 점에서 눈에 띄게 닮았다는 주장은 신교 선전의 주요소였다.

종교개혁이 유대인에게 새로운 여명을 밝혀주지 않았다면, 가톨릭 세계는 유대인의 태양을 서쪽으로 더 기울였다. 대항-종교개혁 교황들 가운데 가장 강경했던 바오로 4세는 1555년 탈무드 저술을 압수하고 불태우는 와중에 로마의 유대인을 게토로 몰아넣었다. 이탈리아 유대인은 다음 세기를 거치면서 거의 어디서나 게토에 고립되었다. 이 조치는 트리엔트 공의회의 열성을 표현한 것이었지만, 동시에 세속 통치자들에게는 유대인의 경제 활동을 더 효과적으로 감독할 기회가 되었다. 가톨릭의 불관용은 에스파냐에서 가장 극심했다. 에스파냐는 이론상 1492년에 '유대인 문제'를 일거에 해소했지만, 실제로는 통치기구 조직—에스파냐 종교재판과 정보원 무리—을 동원해 '신입 기독교도들', 즉 '유대인 개종자들(conversos)'이 원래 신앙으로 되돌아가지 않는지 조사했다. 종교재판은 1480년부터 1530년까지 첫 반세기 동안 '유대인 기독교도' 약 2000명을 화형시켰는데, 종교재판이 피에 굶주렸다는 평판에 걸맞게 활동한 기간은 이때뿐이다. 화형은 절차상 일관성이 없긴 했으나 증거에 기반해 관료제 방식으로 진행되었고, 따라서 유대인 개종자들은 살인 의식이나 성체 모독 같은 사실 무근의 위법 행위가 아니라 적어도 돼지고기를 기피한다든지 유대교 안식일을 지킨다든지 하는 실제 '범죄'를 이유로 처형되었다. 16세기 에스파냐에서 반유대 정서는 교회의 직에 재직하는 조건으로 유대인 조상이 없을 것을 요구하는 혈통의 순수성(limpieza de sangre) 법률에 명시되었다. 펠리페 2세는 "독일, 프랑스, 에스파냐에서 모든 이단의 씨는 유대인의 후손이 뿌렸다"라는 발언으로 이런 전개를 지지했다. 그러나 예수회는 반대했고, 17세기 초에는 종교재판 자체도 반대했다. 일부 역사가들은 에스파냐를 근대의 인종적 '반유대주의'의 발생지로 여기지만, 유대인에 대한 적대감의 본질은 명백히 종교적이었으므로 반유대교라고 말하는 편이 더 안전해 보인다.

16세기 들어서도 한참 동안 유럽에서 유대인의 처지는 나아질 기미가 보이지 않았고 되레 악화되었다. 그러나 궁극적으로 종교개혁은 유대교가 더 쉽게 숨쉴 공간을 열어주었다. 신교 사회들은 성체 모독 혐의에 대한 회의론을 공유했는데, 실체 변화를 부인하면 그 공상이 문화적으로 무의미해진다는 단순한 이유 때문이었다. 유대인에게 닫혀 있었던 일부 정착지들도 다시 열리기 시작했다. 합스부르크 황제 막시밀리안 2세와 루돌프 2세는 16세기 말에 유대인의 보헤미아 정착을 허용했고, 수십 년 후에 호국경(護國卿) 크롬웰은 유대인의 잉글랜드 출입을 다시 허가했다. 그러나 유대인에게 가장 매력적인 목적지는 당국이 사적인 신앙에 관한 질문을 거의 하지 않은 네덜란드 공화국의 다종다양한 사회였다. 17세기 전반에 포르투갈과 에스파냐 출신 신입 기독교도들은 무더기로 네덜란드로 이민을 가기 시작했고, 그곳에서 조상들의 신앙으로 조용히 되돌아갔다. 이 '세파르디' 유대인은 칼뱅주의 사회의 강한 반가톨릭 정서를 공유했고, 비록 결함은 있지만 개혁파 신교가 반갑게도 히브리 성서의 가치로 귀환하고 있다고 생각했다. 한편 신교도들은 교화 겸 여흥을 위한 성서 읽기를 폭넓게 권장하여 유대인 이웃들을 보다 긍정적으로 평가할 기반을 닦았다. 당시 그들은 유대인을 보면서 신약성서의 복수심에 불타는 바리새인보다는 구약성서의 영웅적인 인물들을 더 떠올렸을 것이다. 신교도 사이에서 유행한 성서 이름—아브라함, 베냐민, 다니엘—도 그들과 유대인이 완전히 다르다는 의식을 희석하는 데 일조했을 것이다. 신교에서 시도한 역사화의 사실주의도 비슷한 방향으로 나아가곤 했다. 전통적인 도상학과 철저히 단절된 렘브란트의 1645년 회화는 히브리어 책을 읽다가 아들의 요람을 흔드는 마리아가 유대인 어머니임을 알아볼 수 있게 묘사했다.

이교도

비기독교인 타자와의 가장 난처한 조우는 기독교 유럽 안쪽도 아니고 경계도 아닌 저 멀리 해외에서 이루어졌다. 그 이역만리에서 가톨릭교도들(그리고 뒤늦게 신교도들)은 종교개혁의 명령에 따라 그리스도의 메시지를 전했다. 그들은 오래된 금언인 "교회 바깥에는 구원이 없다(extra ecclesiam nulla salus)"를 결코 의심하지 않았다. 배타성의 극치인 이 언명은 이교도들을 시급히 포섭하라는 주문, 그들을 개종시켜 그들의 영혼을 영원한 지옥살이로부터 구하기 위해 지치지 말고 힘쓰라는 주문이기도 했다. 그럴 기회는 문자 그대로 거의 무한했다. 그러나 개종은 어떻게 완수해야 하고 그 과정에서 현지 문화의 기대에 맞추어 조금이라도 양보하면 어떻게 되는가? 이런 난문으로 고민하던 가톨릭 선교사들은 기독교의 근본과 관련된 문제들에 직면했다. 루터와 칼뱅이 숙고한 문제들 못지않게 심오한 문제들이었다. 그런데 기독교가 구원으로 가는 유일한 길이라면, 수백 년간 기독교를 경험할 기회를 갖지 못한 수백만 명을 하느님께서 창조하신 이유는 무엇일까? 놀랍게도 그들은 대체로 이 질문을 하지 않았다.

최초의 중요한 선교 모험은 유럽 너머에서 가톨릭 전도 활동이 수반했던 성공과 실책의 축소판이었다. 15세기 말에 포르투갈이 서아프리카 연안에 설치한 교역소들은 소수의 지역 개종자들과 거물 한 명을 낚아 올렸다. (콜럼버스가 아메리카에 닿기 1년 전인) 1491년에 주앙 1세로서 세례를 받은 강력한 콩고 왕국의 통치자 은징가 은쿠부(Nzinga Nkuvu)였다. 그렇지만 그는 세세한 규칙을 몰랐던 것이 분명하고, 선교사들이 주물을 불태우고 아내를 딱 한 명만 둘 것을 고집하며(심대한 사회적·정치적 영향을 끼칠 처방이었다) 피곤하게 굴자 기독교를 거부해버렸다. 하지만 그의 아들들 중 한 명인 음벰바 은징가(Mvemba Nzinga, 알폰소 1세)는 열렬한 기독교도로 남아 39년

간 통치했다. 한 세기 동안 콩고는 아프리카의 번창하는 가톨
릭 왕국이었다. 그러나 포르투갈 국왕은 콩고의 주교 임명을
통제하려다가 심각한 성직자 부족을 초래했고, 17세기에 왕
국이 정치적으로 붕괴하자 콩고 가톨릭교는 사실상 토착 신
앙과 융합되었다. 서아프리카에서 기독교를 더 넓고도 깊게
퍼뜨리려던 포르투갈의 노력을 방해한 것은 급성장하는 노예
무역을 후원한 유럽인이었다. 기독교 신앙과 노예제는 양립
불가능하다는 어떠한 합의라도 등장하려면 종교개혁 시대가
저물고도 오랜 시간이 지나야 할 터였다.

그렇지만 인간의 본질적 가치라는 문제는 아메리카 대륙을
복음화하는 동안 진지한 논쟁의 주제였다. 코르테스와 피사
로가 아스텍 제국과 잉카 제국을 파괴한 것이야 정치적 기정
사실이었지만, 일부 성직자들은 그 이후 정복자 지주들이 토
착민 노동을 착취하는 상황이 선교 활동을 가로막는다고 보
았다. 에스파냐의 주요 인문주의자 후안 데 세풀베다(Juan de
Sepulveda)를 비롯한 다른 성직자들은 인디언이 아리스토텔레
스가 말한 '타고난 노예' 범주에 들어간다는 견해로 기울었다.
그들이 보기에 인디언은 자유의지를 행사할 자격이 없었고,
따라서 '정당한 전쟁'의 적법한 표적이었다. 1550년에 세풀베
다는 바야돌리드에서 카를 5세가 참석한 가운데 이 쟁점을 두
고 도미니크회 동료 바르톨로메 데 라스카사스(Bartolomé de

las Casas)와 논쟁했다. 라스카사스는 정복자들의 범죄를 끈질기게 비판하고 토착민의 권리를 열렬히 옹호하는 인물이었다. 논쟁에서 결판이 나지는 않았지만, 에스파냐 국왕은 세를 불리는 정착민들의 착취로부터 '자국의' 인디언 신민들을 보호하자는 쪽으로 기울었고, 그에 앞서 교황이 이미 1537년 교서에서 인디언에게 자유를 누리고 재산을 소유할 자격이 있다고 확언한 바 있었다. 아메리카 대륙에서 대체로 사제들이 수행한 초기 전도 활동은 인디언 수천 명이 자진해서 세례를 받음에 따라 희망으로 부풀었다. 그러나 선교사들은 개종자들의 종교적 이해 수준에 환멸을 느끼기 시작했고, 1555년 멕시코 관구 주교회의는 인디언의 성직 임명을 금했다. 라틴아메리카에서 이 장벽은 1794년까지 깨지지 않았다. 유카탄 지방 프란치스코회 관구장 디에고 데 란다(Diego de Landa)는 마야인 신도들이 비밀리에 우상을 숭배한다고 의심해 1562년에 3개월에 걸쳐 악랄한 종교재판 캠페인을 벌였고, 그 과정에서 란다가 직위에서 쫓겨나기 전까지 인디언 수천 명이 고문을 당했다(고문을 받다가 150명 넘게 죽었다).

그렇지만 아메리카 인디언들(또는 같은 시기 필리핀 주민들)이 으레 기독교를 '거부했다'거나, 겉으로는 짐짓 공식 가톨릭교를 표방하면서 속으로는 전통 신앙을 자각적으로 고수했다는 것은 터무니없는 주장일 것이다. 오히려 그들은 새로운 신앙을 자신들이 이해한 대로 받아들여 어떤 측면은 중시하고 어떤 측면은 경시했다. 교회들은 기존의 사원 부지를 차지했고, 의례와 공동체 생활의 중심으로서 사원과 비슷한 기능을 제공했다. 공공 축제, 야외 행렬, 수호성인의 보호는 모두 기존의 방식과 공명했고, 가문의 무덤에 음식을 바치고 명복을 비는 멕시코 명절 '망자의 날'은 정복 이전 관행과 가톨릭 축일인 '위령의 날'이 서로 혼합되었음을 예증한다.

극동의 유구한 문명들 사이에서 기독교는 다른 난관에 봉착했다. 극동에서 기독교 세력은 현지의 오래된 신들이 무력하다는 증거가 될 군사 정복에 성공한 적이 거의 없었다. 인도에서 포르투갈인은 해안 근거지 부근에서 얼마간 성과를 거두었다. 일례로 무슬림 침략자들에 맞서 유럽인에게 도움을 청한 코로만델 해안의 어민인 파라바족을 대거 개종시켰다. 그러나 포르투갈의 고립 영토 밖에서 기독교는 보통 하급 카스트의 이질적인 현상으로 무시당했다. 동양에서 기독교의 호소력을 특히 사회 엘리트층에게로 넓히려던 시도를 개척한 이는 로욜라와 함께 예수회를 창립한 프란시스코 사비에르(Francisco Xavier, 1506~1552)였다. 일본에서 포교 활동을 펼친 사비에르는 '적응주의' 노선을 택해 기독교와 정반대되지만 않으면 지역 전통을 포용했고, 일본 교회가 번영할 토대를 닦았다. 또다른 예수회원 로베르토 노빌리(Roberto Nobili)는 인도에서 같은 접근법을 택해 상위 카스트인 브라만처럼 입고 먹었고, 시체 태운 재를 뿌린 강물에서 목욕하는 의식 같은 기독교 개종자들의 '사회적' 관습을 허용했다. 역시 예수회 수사들이 순응책을 구사한 중국에서는 마테오 리치(Matteo Ricci, 1551~1610)와 그의 후계자들이 고관처럼 차려입었고, 지도 제작술과 천문 관측술로 중국의 학구적인 행정 계급에 감명을 주었다. 기독교를 생경한 수입품이 아니라 기존 신조의 완성형으로 제시하려는 노력의 일환으로 리치는 '하느님'과 '천국' 같은 개념들을 유사한 한자 용어로 표기하도록 장려했고, 유교의 조상 숭배는 가톨릭교와 완전히 양립 가능한 민간 제례라고 주장했다.

이 모든 노력은 결실을 맺었다. 기독교 공동체들이 인도, 실론, 베트남, 중국에서 눈부시게는 아닐지라도 꾸준히 성장했고, 일본에서 지역 영주인 다이묘들의 후원을 받으며 더욱 극적으로 팽창했다. 다만 일본에서는 훗날 격렬하고 잔혹한 정치적 박해가 시작된 뒤로 기독교가 전면 금지되었다. 17세기에 포교 성성(聖省)은 토착 관습을 존중해야 한다는 생각에 놀랄 만큼 열린 태도를 보여주었다. 그러나 경쟁관계인 선교 집단들은 예수회의 방법에 반대했고, 특히 도미니크회는 유럽에서 그 방법에 반대하는 운동을 벌였다. 교황은 여러 해 동안 어물쩍거리다가 1704년에 '중국 전례'를 금지하여 청조 조정

18. 이탈리아인 예수회 수사 마테오 리치는 기독교가 현지 문화에 순응하는 접근법을 장려했다. 이 그림에서 리치는 중국인 고관처럼 자세를 잡고 있다.

에서 엄청난 불쾌감을 야기하고 중국에서 기독교 팽창의 맥을 끊었다. 그럼에도 세계 전역에서 가톨릭교의 팽창은 성공담이었다. 다만 그 성공은 포교의 본질에 관한 근본적인 의문을 불러일으켰다. 유럽에서 무엇이 '아디아포라'인지 결정하려던 신교 개혁가들의 투쟁은, 인도와 중국에서 전도한 예수회 수사들의 이해득실 계산에 견주면 부질없어 보였다. 그 이후 역사는 세계의 다른 지역 사람들에게 유의미한 말을 건네기란 불가능하다는 유럽 사회의 기준과 기독교를 꼭 동일시할 필요는 없다는 선교사들의 믿음이 옳았음을 입증한다(사실 중동, 에티오피아, 중국에는 이미 수세기 전부터 비유럽계 기독교 공동체들이 있었고, 인도에는 시리아계 말라바르 기독교도들 또는 '성토마스 기독교도들'이 있었다). 그런데 아시아에서 사회문화 구조와 기독교의 '요체'를 분리할 수 있다면, 궁극적으로 유럽에서도 분리할 수 있지 않을까? 전도의 목표를 위해 낯선 사회의 관습과 의례를 존중한 태도가 유럽 지식인들 사이에서 문화적·종교적 상대주의를 촉진하고 결국 기독교 자체가 그 상대주의의 제약을 받게 되는, 예상치 못한 장기적 결과를 가져온 것인지도 모른다.

마녀

기독교 사회가 수용도, 용인도, 협상도 할 수 없었던 아웃사이더 부류가 하나 있었다. 바로 마녀였다. 특정한 사람들이 사악하고 파괴적인 목적을 위해 마력을 쓴다는 믿음은 여러 문화권에서 찾아볼 수 있으며, 특히 중세에 이런 믿음이 흔했다. 그러나 마녀라는 용어의 부정확한 대중적 쓰임새와 반대로, 유럽에서 마녀들을 대규모로 체포하고 처벌한 것은 '중세' 현상이 아니라 근대 초기의 일면이었다. 15세기 후반에 시작해 1560년경 이후 가속이 붙고 18세기 전반에 막을 내리기까지, 유럽에서 약 10만 명(대부분 여성)이 마녀술 죄목으로 고발당했다. 이 가운데 대략 4만 명이 사형에 처해졌는데, 이 수치는 같은 기간에 종교적 비정통 혐의로 처형된 이들의 수보다는 훨씬 많고, 살인죄나 중절도죄처럼 물증이 더 확실한 범죄를 저질러 사형당한 이들의 수보다는 훨씬 적다. 간혹 선정적으로 '유럽 마녀 열풍'이라고 부르는 현상과 종교개혁의 관계는 복잡하게 얽혀 있다. 양자의 연대는 얼추 들어맞는다. 다만 맹렬한 마녀 사냥은 종교개혁에 앞서 시작되었고, 실은 종교개혁의 첫 세대 동안 차츰 잦아들었다. 가톨릭교와 신교는 과격한 종교적 수사법을 곧잘 구사하면서도 좀처럼 서로를 마녀술 혐의로 고발하지 않았다. 마녀들의 주된 죄목과 종교개혁의 주요 논쟁 사이에 직접적 연관성이 있었던 것도 아니다. 예

19. 프란체스코 마리아 구아조(Francesco Maria Guazzo)의 『마녀 전서 Compendium maleficarum』(1626)에 실린 악마의 세례 삽화. 신학자들은 마녀술을 조직적이고 의례적인 '반교회'라고 상상하곤 했다.

전부터 마을 주민들은 반사회적인 늙은 여자들이 주술을 걸고 고약한 저주를 내린다고 항상 의심했지만, 공식 박해에 시동을 건 동력은 마녀들이 악마에게 충성을 맹세하고 악마의 명령에 따라 기독교 사회와 전쟁을 벌이는 대규모 배교자 군단이라는 의심을 굳혀간 신학자들의 확신이었다.

그렇지만 종교 분쟁이라는 배경이 없었다면 마녀 사냥은 실제 역사와는 다르게, 또는 광포하지 않게 전개되었을 공산이 크다. 마녀를 가장 맹렬하게 박해한 1570~1630년은 신교 국가들과 가톨릭 국가들이 교파화되고 이데올로기 전쟁이 가장 격렬하게 벌어진 기간이기도 했다. 이 시기에 사회의 순도와 균일성이 필요하다는 의식이 고조되어 가장 비정상적인 일탈자인 마녀를 탄압하는 조치로 표출되었는가 하면 악마의 권모술수에 신경을 곤두세우는 종말론적 분위기가 나타나기도 했다. 가톨릭교도들과 신교도들 중에 어느 쪽이 박해에 더 열을 올렸느냐는 것은 이견이 분분한 문제다. 박해자들 중에서도 최악은 대개 독일의 작은 영역을 통치한 가톨릭 주교들이었다. 일례로 뷔르츠부르크의 주교 율리우스 에히터 폰 메스펠브륀(Julius Echter von Mespelbrünn)은 가톨릭 개혁의 강경파로서 1616~1617년에 마녀를 300명 넘게 화형시켰다. 그러나 가톨릭권 남유럽은 처형률이 가장 낮은 축에 들었고, 에스파냐 종교재판소는 로마 종교재판소와 마찬가지로 마녀들이 저지른다는 소행에 회의적이었다. 칼뱅의 제네바에서는 화형당한 마녀가 거의 없었고, 신교권 네덜란드와 칼뱅파 팔츠에서는 사실상 마녀 재판이 열리지 않았다. 그러나 스코틀랜드를 비롯한 다른 칼뱅파 지역들은 1660년대까지 계속해서 마녀를 가장 혹독하게 박해했다. 17세기 중반부터 전반적으로 마녀 재판이 줄어들었지만, 잉글랜드 이스트앵글리아에서 내전 막바지에, 루터파 스웨덴에서 1668~1676년에, 그리고 유명한 사례로서 미국으로 건너가 매사추세츠 주 세일럼에 정착한 청교도 공동체에서 1692년에 추악한 마녀 재판이 발생했다. 마녀 재판을 종식하는 데는 다수 요인들이 함께 작용했다. 다양한 법률 체계들에 도입된 더욱 엄격한 증거 기준, 고문 제한, 과학적 회의주의, 비열한 마을 주민이 광분해서 제기하는 고발을 진지하게 받아들이기를 꺼리는 엘리트주의적 태도 등이 그런 요인들이었다. 그러나 더 넓게 보면 이 이야기의 중요한 부분들은 종교 전쟁의 종결과, 다원주의를 향해 절뚝거리며 나아간 발걸음이었다. 유럽 사회들이 실제 '타자들'을 마지못해 받아들이고 통합함에 따라 상상 속 타자들은 더이상 위협적인 존재가 아니게 되었다. 이것은 종교개혁이 엄밀하게 균일한 기독교 공동체를 만들어내는 데 실패하고 다른 무언가를 우연히 낳아놓는 데 성공했음을 말해주는 또다른 증거다.

제 7 장

유산

나는 종교개혁이 오늘날 우리가 아는 유럽을 만들어냈다는 말로 서두를 열었다. "대관절 종교개혁이 우리를 위해 무얼 했는가?"라는 수사적 의문을 제기하는 회의론자는 종교개혁의 기념비적인 성취—근대 자본주의, 정치적 자유 개념, 과학의 발전, 마술과 미신의 쇠퇴—를 열거하는 장황한 답변을 들을 공산이 크다. 이 모든 성취는 오래전부터 (프로테스탄트) 종교개혁이 낳은 조숙하고 다루기 힘든 자식으로 여겨졌다. 그렇지만 실상은 그리 명확하지 않으며, 종교개혁이 근대성의 어머니 역할을 했다는 생각은 혈통과 양육에 관한 골치 아픈 물음을 불러일으킨다. 종교 운동으로서 종교개혁은 근본적으로 새로운 문제들이 아니라 해묵은 문제들과 씨름했으며, 루터는 만약 근대가 그를 상대로 친자 확인 소송을 제기한다면 격렬히 부인할 것이다.

우리의 세계와 루터의 혁명의 관계는 세상만사란 자애롭고 선형적인 역사의 여정인 '진보'이고 그 과정에서 종교개혁은 장애물이 아니라 이정표였다는 생각에 학자들이 대체로 동의한 시절에는 덜 복잡해 보였다. 베버의 사상을 지나치게 단순화해서 잘못 전하는 경우가 왕왕 있기는 하지만, 19세기 후반에 독일 사회학자 막스 베버(Max Weber)는 '프로테스탄트 윤리', 특히 칼뱅주의자와 청교도의 윤리가 '자본주의 정신'을 고무했다는 영향력 있는 이론을 내놓았다. 이 이론에 따르면 불안한 칼뱅파는 물질적 성공을 예정된 구원을 받을 가능성의 표지로 해석했다. 17세기와 18세기 잉글랜드와 네덜란드 공화국의 명백한 경제 발전은 베버의 테제를 얼마간 뒷받침하지만, 근래 역사가들은 대체로 이 테제에 설득력이 없다고 보면서 거리를 둔다. 경건한 스코틀랜드의 경제가 낙후되었던 사실로 알 수 있듯이, 칼뱅주의 문화와 자본주의적 번영 사이에 필연적인 연관성은 없었다. 자본주의적 번영은 오스만 제국이 팽창한 15세기 이래 경제적·정치적 우위가 지중해에서 (가톨릭권 프랑스를 포함하는) 대서양 세력들로 넘어간 더 장기적인 추세의 일부였다는 주장이 훨씬 설득력 있어 보인다.

오늘날 베버의 다른 근대화론은 예전보다 설득력이 떨어져

보인다. 그것은 신교가 초월적이고 합리주의적인 종교로서 생활환경에 관한 초자연적이고 마술적인 믿음에 치명상을 입혔고, 광범한 '세계의 탈주술화'를 촉진했다는 견해다. 프로테스탄트 종교개혁이 물건과 의례에 내재하는 신성한 힘, 성인들의 영적 매개자 역할, 하느님이 창조한 우주의 예측 가능한 리듬과 패턴을 교란하는 '성스러운' 시공간 개념 등을 공식적으로 단호히 반대한 것은 사실이다. 그러나 학자들이 발견한 증거에 따르면 다름 아닌 근대의 신교권 유럽 전역에서 종교 문화들은 징후와 징조 같은 초자연적인 현상에 흠뻑 빠져 있었고, 마귀와 천사가 활동한다고 상상했다. 가톨릭 주민들과 마찬가지로 신교 주민들은 사악한 힘으로부터 스스로를 지키거나 질병을 치료하기 위해 마술과 유사한 의례에 계속 의존했고, 특정한 날짜와 절기에 성스러운 의의가 있다고 보았다. 이것은 단순히 '무지한' 사람들이 신교의 메시지를 파악하지 못한 결과가 아니었다. 기적에 관한 신교의 일반적인 교리는 초기 교회가 수립되고 성서가 기록됨과 더불어 기적이 불필요해졌다는 것이었다. 다시 말해 '기적의 시대'는 사도들의 시대 이후로 끝났고, 근래에 가톨릭에서 말하는 '기적'은 기만 혹은 망상이라고 보았다. 그러나 신교 지식인들은 '섭리'—하느님의 의지, 호의, 불만의 표징—에 대한 열렬한 관심을 서민들과 공유했고, 자연세계의 기이한 사건으로 미루어 섭리를 추론할 수 있다고 생각했다. 일례로 엘리자베스 시대 후기에 에식스에서 어떤 참나무가 사흘 동안 죽어가는 사람처럼 신음 소리를 내자 지역 주민들은 이 사건을 죄악과 교만을 삼가라는 하느님의 경고로 해석했다. 사실 놀라운 섭리적 사건은 전통적인 기적과 그리 다르지 않았고, 종교개혁 기간에 기적은 신교의 어휘에 차츰 다시 스며들었다.

기적 개념, 아울러 악마를 비롯한 영적 존재들이 인간사에 개입한다는 믿음이 용인될 가능성은 적어도 교육받은 계층에서는 갈수록 줄어들었다. 이것은 관례상 '과학혁명'이라고 뭉뚱그리는 현상에 수반된 변화였다. 산발적일지언정 놀라운 지적인 진보―인체의 혈액 순환과 지구의 공전을 발견한 것을 포함해―를 성취한 과학혁명 시대와 종교개혁 기간이 거의 정확히 일치하기는 해도, 서로에 대한 양자의 의존이 어떤 성격이었는지 딱 부러지게 규정하기는 어렵다. 일각에서는 신교가 근대 과학을 후원한 사실이 가톨릭교가 근대 과학을 적대한 사실만큼이나 자명하다고 본다. 1633년에 지구가 태양 주위를 돈다는 '이단'을 가르친다는 이유로 교황이 갈릴레이를 유죄 판결한 일은 많은 이들이 보기에 지적 자유의 역사에서 상징적인 사건이었다. 그럼에도 갈릴레이는 신교도가 아니라 독실한 가톨릭교도였고, 지동설을 주창한 니콜라우스 코페르니쿠스(Nicolaus Copernicus, 1473~1543), 창조된 우주는 일종

의 기계라는 테제를 주장하여 우주 안에서 정령과 비술적인
힘의 역할을 심각하게 의문시한 프랑스 철학자 르네 데카르
트(René Descartes, 1596~1650)도 마찬가지였다. 일부 가톨릭
사상가들은 갈릴레이가 유죄 판결을 받은 후에도 조심스럽게
지동설을 계속 가르쳤다(정치와 개성이 근본 원칙들의 어떤 충
돌 못지않게 큰 역할을 한 경우였다). 가톨릭 대학들은 가장 앞선
'과학적' 학식 일부의 중심지였고, 예수회의 천문학 전문지식
은 저 멀리 명나라와 청나라의 조정에서도 높게 평가받았다.
과학자들(또는 당대의 명칭을 쓰자면 자연철학자들)이 종교재판
기 에스파냐 같은 가톨릭 세계의 지역들보다 17세기 잉글랜
드 같은 신교 세계의 지역들에서 혁신적인 이론을 개진할 기
회가 더 많았던 것은 의심할 나위 없는 사실이다. 그러나 신교
가 과학의 전제조건이라는 생각은 무엇보다 중세 유럽에 추
론하고 실험하는 활기찬 전통들이 있었음을 고려하면 그럴싸
할 뿐이다. 여하튼 신교의 핵심은 구속받지 않고 탐구하는 것
이 아니라 권위 있는 텍스트에 복종하는 것이었으며, 오늘날
많은 신교도들이 창세기의 천지창조 이야기를 근거로 들어
진화론에 반대하는 것과 마찬가지로, 우리가 살펴보는 기간
내내 숱한 신교도들이 구약성서 여호수아기에서 기브온 위에
'멈추어 있는' 해를 언급한다는 이유로 지동설에 반대했다. 기
독교 근본주의는 종교개혁기의 확신에 뿌리박고 있다.

17세기와 18세기에 신교 지식인들 모두가 융통성 없이 성서를 곧이곧대로 직해했던 것은 결코 아니다. 그들 가운데 일부는 실제로 성서 속 기적을 자연법칙과 모순되지 않게 설명할 길을 찾았고, 우주를 창조하고 다스리는 하느님의 사역을 이성에 근거해 완전히 타당하게 논증하려는 '자연신학'을 고무했다. 각각 근대 물리학과 화학의 아버지인 아이작 뉴턴(Isaac Newton)과 로버트 보일(Robert Boyle) 같은 과학적 발견의 기라성들이 자신의 신앙과 연구 사이에서 모순을 전혀 발견하지 못한 대단히 종교적인 인물들이었음을 지적하는 것이 오늘날 거의 의무가 되었다. 그러나 종교개혁기의 거의 모든 자연철학자가 설명 방식으로서 '과학'과 '종교'를 구별하기를 꺼린 태도는 궁극적으로 종교에 득이 되지 않았다. 근대 초기만 해도 과학이 논거로 받아들였던 천지창조에 관한 가정들 중 일부를 방어할 도리가 없다는 것이 때마침 밝혀진 상황에서, 그런 태도는 장기적으로 종교와 과학이 양립 불가능하다는 인식을 조장했다. 근대 다원주의는 종교개혁기 과학적 통찰들의 정점이라기보다는 그런 통찰들에 대한 철저한 논박으로 보인다.

그렇다면 이 모든 불협화음에도 불구하고 종교개혁이 근대 세계의 시작을 우렁차게 알린 서곡이었다고 주장할 만한 근거로는 무엇이 남는가? 이 책의 마지막 제언은 그 서곡의 가락이 지금까지도 크게 울리고 있다면, 그 조표(調標)는 신교 (또는 트리엔트식 가톨릭교)의 내재적 특성이 아니라 종교개혁 기에 대두한 세력들의 역동적인 상호작용과 의도하지 않은 결과의 법칙에서 찾아야 한다는 것이다. 종교개혁의 가장 중요한 결과들은 실은 역설의 연속이라고 말할 수 있다. 프로테스탄트 종교개혁과 가톨릭 종교개혁은 사회적·종교적 균일성의 창출을 지향했으나 목표와 달리 다원주의의 형태들을 산출했으며, 그 형태들은 뒤이어 세계의 가장 먼 지역들에 수출되어 모방되었다. 종교개혁은 국가의 정치적·정신적 권력을 강화하겠노라 약속했지만, 국가의 권위에 도전할 수 있는 문법과 어휘를 낳아놓았다. 종교개혁은 이단과 그릇된 믿음을 뿌리 뽑고자 했지만, 예전에는 꿈에도 생각지 못했을 정도까지 주춤주춤 오류를 용인했다. 종교개혁은 사회 전체를 신성화하겠다고 나섰지만, 장기적으로 사회가 세속화될 여건을 조성했다.

이 모든 말은 종교개혁의 주된 유산이 분열이라는 사실, 그리고 그 사실에 대처하기 위해 출현한 전략들이라는 것을 가리킨다. 통일된 '기독교권'이라는 중세의 이상—기독교의 정치적·사회적 가치들을 공유함으로써 안팎으로 완전한 통합체를 형성하는 지역 사회들로 이루어진 가족—은 언제나 현실보다는 오히려 염원이었을 것이다. 그러나 하느님과 인간의

화목을 위해 어떻게 해야 하느냐는 문제와 관련하여 종교개
혁들은 서로 화목할 수 없는 계획들을 추진했고, 그로써 기독
교의 염원과 그 염원이 희미하게 투영된 사회의 관습을 영구
히 박살냈다. 교파화가 격렬히 진행되고 종교 전쟁이 질질 늘
어지는 동안 설득과 무력으로 사회에 새로운 통일적 이상을
강요할 수 있다는 기대가 커졌고, 일부 지역들에서 이 야망이
일시적으로 실현되었다. 그러나 유럽에서 자생한 문명들의 충
돌에서 완전한 승리를 거둔 쪽은 없었다. 격동이 잦아든 1700
년 무렵, 유럽이라는 만화경의 무늬들은 복잡하게 뒤얽히고
얼룩져 있었다. 신교도들은 서유럽 전체로 보면 대규모 소수
파였고, 서유럽의 북쪽 절반 대부분에서는 지배 집단이었다.
그러나 (루터파 일색인 스칸디나비아 왕국들을 빼면) 신교 사회들
은 대개 상당한 규모의 가톨릭교도나 유대교도, 또는 급진파
소수집단을 포함했고, 거기에 더해 루터파의 전통과 개혁파의
전통이 영영 갈라선 현실을 반영했다. 가톨릭권 남유럽의 지
중해 사회들은 그만큼 다양하지 않았지만, 중부 유럽과 동유
럽의 공식 가톨릭 영역들과 프랑스에는 공공연한 또는 은밀
한 비국교도들이 많았다. 게다가 모든 종교개혁은 저마다 더
욱 엄격한 내부 종교개혁을 낳았다. 예컨대 루터교의 경건파
와 가톨릭교의 얀선파가 출현했고, 교리 면에서 불안정한 잉
글랜드 교회의 상처에서 장로파, 침례파, 퀘이커파 같은 비국

교파들이 새어나왔다. 훗날 미합중국이 될 영역의 신생 식민지들에서는 장차 중요한 결과를 불러올 다수의 유럽산 무늬들이 이미 분명하게 나타나고 있었다. 매사추세츠의 청교도주의, 버지니아의 감독교회, 메릴랜드의 가톨릭교, 펜실베이니아의 퀘이커교가 그 무늬들이었다.

유럽과 아메리카에서 종교적 교착 상태는 우리가 인정할 만한 '세속' 국가의 출현과 그 내부의 종교 관행에 영향을 끼쳤다. 단일한 종교적 이상이 사회를 통일하고 통합하는 원리 역할을 하지 못한다면, 추상적인 법 개념이나 민족적 긍지 같은 다른 어떤 토대 위에서 사회가 공유하는 정체성, 권리, 의무를 재구성해야 했다. 사회의 평화를 지키려면 종교적 차이를 용인하고 공적 생활 및 공동체 생활과 종교의 관계를 재검토할 필요가 있었다. 근대 유럽의 다원주의적이고 아량 넓은 사회가 나타내는 것은 진보의 필연적인 승리가 아니라, 과거에 교파들이 경합한 데 따른 특수한 역사적 결과다. 종교가 점차 국가의 공식 이데올로기 자리에서 밀려나고 신앙이 시민 자격을 알리는 배지의 기능을 상실함에 따라 종교는 갈수록 가내화·사사화(私事化)되었다. 또한 종교는 불가피하게 선택적 성격을 띠기 시작했다. 국가가 국민들에게 특정 교회에 참석할 것을 더이상 법으로 요구하지 않게 되자 일부 사람들은 그 기회를 이용해 예배 장소에 자주 드나들던 관행을 아예 그만두었다. 이단 박해를 승인하는 종교 당국에 대한 지지를 국가가 중단하자 소수 지식인들은 정통 기독교를 완전히 포기했다. 일부는 '이신론'이라 알려진 종교철학을 받아들였다. 이신론은 삼위일체와 예수의 신성 같은 '계시된' 진리를 거부했고, 초자연적인 것들의 현현을 일체 부인했으며, 신의 불변하는 자연법칙에 이성을 적용하는 방식으로만 신을 알 수 있다고 주장했다. 소수 무신론자들은 더 나아가 어떠한 종교적 믿음이든 과연 필요하거나 참이냐고 공공연히 물었다. 우리는 유럽에서 종교적 진리에 대한 무관심이 만연했다느니 기독교 교회가 사회에서 극적으로 주변화되었다느니 하는 '세속화'에 관한 과장된 주장들을 경계해야 한다. 그런 현상들은 적어도 18세기 말 이전에는 좀처럼 식별하기 어려웠다. 무신론자들은 계몽주의 시대 유럽에서도 극소수에 불과했고, 기독교의 믿음과 관행은 20세기 들어서도 한참 동안이나 유럽인 대다수에게 규준이었기 때문이다. 근대 초기가 끝나갈 무렵 종교는 여전히 다수의 정체성에서 중요한 부분이었다. 그러나 종교는 사회에서 기본 구조와 문법이 아니라 개별 요소가 되어가기 시작한 것과 마찬가지로, 더욱 다채로워진 정체성에서 갈수록 한 요소가 되어갔을 것이다. 겉보기에 통일된 교파 문화들 안에서마저 종교는 1700년을 전후한 수십 년간 사회 전체가 공유하는 의미들의 매개체 역할을 상실하고 있었다. 경제와 교육이 변하면서 사회 계층들 사이 간극이 벌어지고 있었으며, 엘리트층 일부는 서민층의 믿음과 거리를 두고, 종교적 '열광'을 비웃고, 마녀와 기적, 섭리의 증거에 대한 회의론을 표명할 필요성을 점점 강하게 느꼈다. 이 추세는 신교 사회들에서 더 두드러졌으나 가톨릭교 사회들에도 없었던 것은 아니다.

요컨대 신교와 구교의 종교개혁은 근대 세계를 만들었다. 비록 두 종교개혁과 그 창시자들은 최종 결과를 예상하지도 환영하지도 않았을 테지만 말이다. 오늘날에는 기독교도들 중에서도 가장 완고한 분파들만이 종교개혁 시대의 절대적 확실성에 매달린다. 그러나 종교개혁이 새로운 방식으로 제기한 오래된 물음들―인간 존재의 궁극적 의미와 목표에 관한 물음, 사회 구성원들의 상호 의무에 관한 물음, 양심과 정치적 복종 사이 균형에 관한 물음―은 지금도 올바로 생각하는 모든 사람의 주목을 끌고 있다.

연표

1497	포르투갈에서 유대인 추방
1505	루터가 에르푸르트에서 아우구스티누스회 수사가 됨
1509	장 칼뱅 출생, 잉글랜드에서 헨리 8세 즉위
1517	루터가 비텐베르크에서 95개 논제 게시
1519	루터가 라이프치히에서 요한 에크와 논쟁, 카를 5세가 신성로마 황제가 됨
1520	루터가 파문당하고 교황의 교서를 불태움
1521	루터가 보름스 의회에서 황제에게 항거하고 프리드리히 현명공이 바르트부르크로 루터를 피신시킴
1522	루터가 신약성서 번역, 츠빙글리가 취리히에서 사순절에 소시지 식사 주재, 루터가 비텐베르크에서 카를슈타트의 혁신을 되돌림
1523	아우구스티누스회 수사 두 명이 브뤼셀에서 화형당함, 종교개혁의 첫 순교자들
1524	루터와 요한 발터가 신교의 첫 '찬송가집' 편찬
1523~1526	취리히 종교개혁
1524~1525	독일 농민 전쟁
1525	루터가 카타리나 폰 보라와 결혼, 에라스뮈스가 의지의 자유 문제를 둘러싸고 루터와 결별
1526	헝가리 모하치 전투에서 튀르크족 승리, 윌리엄 틴들의 영어 신약성서 인쇄
1527	개혁가들이 재세례파를 처음 처형(취리히에서), 스웨덴의 구스타브 바사가 로마로부터 독립한다고 선언

1529	슈파이어 제국의회의 결정에 '항의'한 이들에게 '프로테스탄트'라는 이름이 붙음, 마르부르크 회담에서 루터와 츠빙글리가 성찬식에 관해 합의하지 못함, 스위스에서 최초의 종교 전쟁 발발
1530	루터교 신앙을 진술한 아우크스부르크 신앙고백 작성
1531	카를 5세에게 맞서 루터파 슈말칼덴 동맹 결성, 제2차 스위스 종교 전쟁에서 츠빙글리 사망
1532~1535	헨리 8세가 로마와 결별하고 잉글랜드 교회의 '수장'이 됨
1534	프랑수아 1세가 프랑스 신교도 탄압, 칼뱅의 도피, 이그나티우스 로욜라가 예수회 창설, 아일랜드에서 킬데어 반란
1534~1535	뮌스터의 재세례파 왕국
1536	칼뱅의 『기독교 강요』 발행, 제네바에서 칼뱅주의 종교개혁 시작, 덴마크에서 루터파 국가 수립, 헨리 8세에게 대항한 '은총의 순례'
1540	교황이 예수회 인가
1542	로마 종교재판소 설립
1543	루터의 팸플릿 『유대인과 그들의 거짓말에 관하여』
1545~1547	트리엔트 공의회 제1차 회기
1546~1547	슈말칼덴 전쟁
1547	루터 사망, 뮐베르크에서 루터파 제후들 패배, 헨리 8세 사망하고 에드워드 6세 치세 잉글랜드에서 신교

체제 수립

1548	아우크스부르크 잠정협약이 체결되어 신성로마 제국에서 가톨릭교 재차 강요
1550	바야돌리드에서 아메리카 인디언의 권리에 대해 논쟁
1551~1552	트리엔트 공의회 제2차 회기
1553	제네바에서 세르베투스 화형, 잉글랜드에서 메리 1세가 가톨릭교 복구
1555	아우크스부르크 종교화의, "그의 영토에 그의 종교"
1556	카를 5세 퇴위
1558	잉글랜드에서 메리 1세 사망하고 엘리자베스 1세(신교도) 즉위
1559	프랑스 앙리 2세 사망, 파리에서 칼뱅주의 전국 시노드 개최, 교황의 금서 목록 발표
1559~1560	존 녹스가 고무한 스코틀랜드 종교 혁명
1562	프랑스에서 종교 내전 발발(1598년까지 간헐적으로 이어짐), 폴란드에서 사실상 다종교 용인, 멕시코 유카탄 지방에서 기독교 '타락자들' 박해
1562~1563	트리엔트 공의회 제3차 회기
1563	독일 팔츠에서 프리드리히 3세가 칼뱅주의를 국교로 확립, 존 폭스의 『순교자 열전』 초판 발행
1564	칼뱅 사망, 셰익스피어 출생, 갈릴레이 출생
1566	네덜란드 성상파괴운동

1567	에스파냐에 대항한 네덜란드 반란 시작
1568	메리 스튜어트가 잉글랜드로 도피, 에스파냐에서 모리스코(기독교로 개종한 무슬림) 반란
1570	교황 비오 5세가 엘리자베스 1세 파문
1571	레판토 해전에서 기독교군이 오스만군에 승리
1572	파리에서 성 바르톨로메오 축일의 학살
1577	협화신조로 독일 루터파의 내분 해소
1579	필리프 뒤 플레시모르네가 『폭군에 대한 권리주장』에서 신앙심 없는 통치자 타도를 정당화함
1582	그레고리우스 13세의 역법 개혁
1584	위그노교도인 나바르의 앙리가 프랑스 왕위 계승자가 됨
1589	프랑스 앙리 3세 암살됨, 나바르의 앙리가 앙리 4세로 왕위 계승
1593	앙리 4세가 가톨릭교로 개종
1598	낭트 칙령이 공포되어 프랑스 위그노파가 제한된 자유를 용인받음
1603	엘리자베스 1세가 사망하고 제임스 1세가 즉위하여 스코틀랜드 왕위와 잉글랜드 왕위 통합
1605	잉글랜드 의회를 폭파하려던 화약 음모
1609	에스파냐에서 모리스코 추방
1616~1617	뷔르츠부르크 주교령에서 혹독한 마녀 박해

1618	30년 전쟁 발발
1619	도르드레흐트(네덜란드) 시노드에서 칼뱅주의 정통 신조 채택
1622	교황청 포교 성성 설립
1629	페르디난트 2세가 반환 칙령을 공포하여 제국에서 칼뱅주의를 금하고 스웨덴이 30년 전쟁에 참전하도록 유발함
1633	갈릴레이가 종교재판에서 이단 판결을 받음, 뱅상 드 폴과 루이즈 드 마리약이 애덕 자매회 창설
1638	스코틀랜드인이 종교개혁을 지키고자 국민 맹약에 서명
1641	아일랜드 가톨릭교도들의 반란
1642	잉글랜드 내전 발발
1648	베스트팔렌 조약 체결로 30년 전쟁이 종결되고 신성로마 제국에서 종교적 용인 법제화
1649	잉글랜드 찰스 1세 처형됨
1660	찰스 2세의 왕정복고와 성공회 재건
1685	루이 14세가 낭트 칙령 철회
1688~1689	'명예혁명'으로 영국과 아일랜드의 국왕인 가톨릭교도 제임스 2세 퇴위, 성공회가 아닌 (신교) 신자들 용인
1692	매사추세츠 세일럼에서 마녀 박해
1702~1711	프랑스 위그노 반란

참고문헌

개설

R. Bireley, *The Refashioning of Catholicism 1450-1700* (Basingstoke, 1999).

J. Bossy, *Christianity in the West 1400-1700* (Oxford, 1985).

E. Cameron, *The European Reformation* (Oxford, 1991).

O. Chadwick, *The Early Reformation on the Continent* (Oxford, 2001).

P. Collinson, *The Reformation* (London, 2003).

F. Fernández-Armesto and D. Wilson, *Reformation: Christianity and the World 1500-2000* (London, 1996).

C. Lindberg, *The European Reformations* (Oxford, 1996).

D. MacCulloch, *Reformation: Europe's House Divided 1490-1700* (London, 2003).

A. Pettegree (ed.), *The Reformation World* (London, 2000).

R. Po-Chia Hsia (ed.), *The World of Catholic Renewal 1540-1770* (Cambridge, 1998).

R. Po-Chia Hsia (ed.), *Cambridge History of Christianity*, Volume 6: *Reform and Expansion 1500-1660* (Cambridge, 2007).

U. Rublack, *Reformation Europe* (Cambridge, 2005).

A. Ryrie (ed.), *Palgrave Advances in the European Reformations* (Basingstoke, 2006).

J. D. Tracy, *Europe's Reformations 1450-1650* (Oxford, 1999).

P. G. Wallace, *The Long European Reformation* (Basingstoke, 2004).

구원

A. E. McGrath, *Reformation Thought: An Introduction* (Oxford, 1988).

D. K. McKim (ed.), *The Cambridge Companion to John Calvin* (Cambridge, 2004).

M. A. Mullett, *Martin Luther* (London, 2004).

H. O. Oberman, *Luther: Man between God and the Devil* (London, 1993).

S. E. Ozment, *The Reformation in the Cities: The Appeal of Protestantism to Sixteenth-Century Germany and Switzerland* (New Haven, CT, 1975).

L. Palmer Wandel, *The Eucharist in the Reformation: Incarnation and Liturgy* (Cambridge, 2006).

B. M. Reardon, *Religious Thought in the Reformation* (London, 1995).

정치

W. D. J. Cargill Thompson, *The Political Thought of Martin Luther*, ed. P. Broadhead (Brighton, 1984).

J. M. Headley et al. (eds.), *Confessionalization in Europe 1555-1700* (Aldershot, 2004).

M. P. Holt, *The French Wars of Religion, 1562-1629* (Cambridge, 1995).

Q. Skinner, *The Foundations of Modern Political Thought*, Volume 2: *The Age of Reformation* (Cambridge, 1978).

사회

K. von Greyerz, *Religion and Culture in Early Modern Europe 1500-1800* (Oxford, 2008).

P. Matheson (ed.), *Reformation Christianity* (Minneapolis, MN, 2007).

T. M. Safley (ed.), *The Reformation of Charity: The Secular and the Religious in Early Modern Poor Relief* (Leiden, 2003).

B. Scribner and T. Johnson (eds.), *Popular Religion in Germany and Central Europe 1400-1800* (Basingstoke, 1996).

M. Todd, *The Culture of Protestantism in Early Modern Scotland* (New Haven, CT, 2002).

M. E. Wiesner-Hanks, *Christianity and Sexuality in the Early Modern World* (London, 2000).

문화

C. M. N. Eire, *War Against the Idols: The Reformation of Worship from Erasmus to Calvin* (Cambridge, 1986).

S. Michalski, *The Reformation and the Visual Arts: The Protestant Image Question in Western and Eastern Europe* (Abingdon, 1993).

M. O'Connell, *The Idolatrous Eye: Iconoclasm and Theater in Early Modern England* (Oxford, 2000).

A. Pettegree, *Reformation and the Culture of Persuasion* (Cambridge, 2005).

기타

M. Bodian, *Hebrews of the Portuguese Nation: Conversos and Community in Early Modern Amsterdam* (Bloomington, 1997).

F. Cervantes, *The Devil in the New World: The Impact of Diabolism in New Spain* (New Haven, CT, 1994).

B. S. Gregory, *Salvation at Stake: Christian Martyrdom in Early Modern Europe* (Cambridge, MA, 1999).

H. Kamen, *The Spanish Inquisition: A Historical Revision* (New Haven, CT, 1998).

B. J. Kaplan, *Divided by Faith: Religious Conflict and the Practice of Toleration in Early Modern Europe* (Cambridge, MA, 2007).

G. K. Waite, *Heresy, Magic and Witchcraft in Early Modern Europe* (Basingstoke, 2003).

역자 후기

종교개혁을 영어로는 'the Reformation'이라 한다. 여기서 정관사 'the'는 뒤따르는 명사가 고유명사임을 가리킨다. 다시 말해 'Reformation'이 불특정 개혁이 아니라 근대 초기에 주로 서유럽에서 대략 두 세기에 걸쳐 전개된 특정한 개혁임을 가리킨다. 그런데 'reformation'이라는 낱말 자체의 의미는 '개혁' 또는 '변혁'이지 '종교'개혁이 아니다. 정확히 종교개혁이라는 뜻을 드러내려면 'religious reformation'이라고 써야 할 것이다. 그렇지만 관례적으로 'the Reformation'은 16세기 이래 가톨릭교에서 내분이 발생해 결국 신교의 분립으로 귀결된 일련의 사태를 가리켜왔고, 그런 의미에서 '종교개혁'은 마땅한 대안을 찾기 어려운 번역어다. 그렇더라도 'reformation'

자체가 '종교'개혁을 뜻하지 않듯이, '종교개혁'으로 옮기는 'the Reformation'이 종교에 국한된 개혁이 아니었음을 유념할 필요가 있다. 종교개혁은 종교사 그 이상이었다.

그도 그럴 것이 중세는 물론 근대 초기까지도 시골이건 도시건 유럽 사회란 곧 종교를 근간으로 하는 공동체였기 때문이다. 저자의 말대로 "근대 개인주의와 아노미의 요람인 도시들은 16세기만 해도 시골만큼이나 공동체와 집단을 중시했고, 주민 모두의 도덕적 안녕을 책임지는 성스러운 공동체임을 자처했다". 오늘날 정교분리 원칙에 익숙한 우리로서는 실감하기 어렵지만 당시 종교는 "사회 조직 및 일상생활의 구조와 씨실 및 날실로 엮여" 있었다. 간단히 말해 종교와 사회는 불가분했다. 이런 이유로 면죄부 논쟁이라는 기독교 내부의 다툼으로 시작된 개혁의 불길은 이내 종교를 넘어 정치와 사회, 문화 등 삶의 모든 영역으로 옮겨붙었다.

그런데 그 불길은 하나였을까? 마르틴 루터가 점화한 불길이 독일 내에서 번지다가 사그라졌고 그걸로 종교개혁이 끝났던 걸까? 이 물음에 저자는 아니라고 답한다. 오늘날 학계의 중론은 종교개혁이란 "저마다 고유한 지향과 의제를 추구했던 복수의 신학적·정치적 운동들"의 총합이라는 것이다. 이 책 제1장의 제목이 복수형인 '종교개혁들'인 이유가 여기에 있다. 루터, 츠빙글리, 칼뱅의 개혁 프로그램과 신학은 저마다 달랐다. 독일, 프랑스, 스위스, 폴란드, 스칸디나비아, 네덜란드, 영국 등지에서 종교개혁은 현지의 정치적 상황과 맞물려 각기 다르게 귀결되었다. 종교개혁이 신교의 전유물이었던 것도 아니다. 가톨릭교 역시 공의회를 개최하여 스스로를 뜯어고치며 효과적으로 대응했다.

저자는 종교개혁이 근대 유럽을 만들었다고 말하면서도, 루터에게 근대가 그대의 자식이냐고 묻는다면 한사코 부인할 것이라고 덧붙인다. 개혁가들은 각자의 신념에 따라 종교의 병폐를 치유하고 사회의 질서를 바로잡으려 했다. 그러나 개혁 운동들은 그들의 의도대로 흘러가지 않았고, 민중은 개혁 프로그램을 곧이곧대로 흡수한 것이 아니라 자신들의 필요에 호소하는 측면을 선별해 채택했다. 저자의 결론은 "종교개혁의 가장 중요한 결과들은 실은 역설의 연속"이었다는 것이다. 종교개혁은 사회의 균일성을 지향했으나 오히려 다원주의를 산출했다. 국가의 권력을 강화하려 했으나 국가의 권위에 도전할 문법과 어휘를 낳았다. 사회를 신성화하려 했으나 도리어 세속화의 여건을 조성했다. 그리하여 통일된 기독교권이라는 중세의 이상을 영원히 박살냈다. 이것은 개혁가들이 의도하지 않은 결과였지만, 어쨌거나 새 시대를 여는 중대한 변화였다.

이 책의 장점은 복수의 종교개혁들이 종교는 물론이고 정

치와 사회, 문화 등 삶의 영역들과 주고받은 상호작용과 그 유
산을 균형 잡힌 시각으로 조망한다는 것이다. 주제가 주제인
만큼 종교개혁 관련서 중에는 특정 교파나 신앙에 치우친 책
이 더러 있다. 그게 꼭 나쁜 건 아니지만, 저자는 신앙인이 아
닌 학자의 관점에서 특정 교파에 치우침 없이 각각의 운동을
전체의 일부로 파악한다. 물론 지면의 제약 탓에 세부를 다루
지는 않지만, 한정된 분량에 핵심만 담은 서술이 돋보인다. 종
교개혁에 관한 책은 국내에도 많이 나와 있으나 입문서로 읽
기에 이만큼 무난한 책도 드물 것이다.

독서안내

개설

『종교개혁사』, 오언 채드윅 지음, 서요한 옮김, 크리스천다이제스트

『유럽의 종교개혁』, 카터 린드버그 지음, 조영천 옮김, 기독교문서선교회

『종교개혁의 역사』, 디아메이드 맥클로흐 지음, 이은재·조상원 옮김, 기독교문서선교회

『종교개혁』, 패트릭 콜린스 지음, 이종인 옮김, 을유문화사

『종교개혁사』, 롤런드 베인턴 지음, 홍치모·이훈영 옮김, 크리스천다이제스트

『서양 기독교 세계는 왜 분열되었을까?』, 황대현 지음, 민음인

개혁가

『마르틴 루터』, 롤런드 베인턴 지음, 이종태 옮김, 생명의말씀사

『마르틴 루터』, 스콧 H. 헨드릭스 지음, 전경훈 옮김, 뿌리와이파리

『독일 귀족에게 고함』, 마르틴 루터 지음, 원당희 옮김, 세창출판사

『기독교 강요』, 장 칼뱅 지음, 원광연 옮김, 크리스천다이제스트

『칼뱅』, 벤자민 B. 워필드 지음, 이경직·김상엽 옮김, 새물결플러스

『순교자 열전』, 존 폭스 지음, 홍병룡·최상도 옮김, 포이에마

『스위스 종교개혁: 쯔빙글리, 베르밀리, 불링거』, 에미디오 캄피 지음, 김병훈 옮김, 합신대학원출판부

『멜란히톤과 그의 시대』, 마르틴 융 지음, 이미선 옮김, 홍성사

『종교개혁 이야기』, 사토 마사루 지음, 김소영 옮김, 바다출판사

구원

『종교개혁사상』, 알리스터 맥그래스 지음, 최재건 옮김, 기독교문서선교회

『종교개혁과 신학자들』, 카터 린드버그 지음, 조영천 옮김, 기독교문서선교회

『마틴 루터의 신학』, 베른하르트 로제 지음, 정병식 옮김, 한국신학연구소

『칼뱅의 생애와 작품 세계』, 불페레트 더 흐레이프 지음, 박경수 옮김, 대한기독교서회

『츠빙글리의 생애와 사상』, W. P. 스티븐스 지음, 박경수 옮김, 대한기독
교서회

정치와 사회

『근대 정치사상의 토대 2: 종교개혁의 시대』, 퀜틴 스키너 지음, 박동천
옮김, 한국문화사

『근대 유럽의 인쇄 미디어 혁명』, 엘리자베스 L. 아이젠슈타인 지음, 전영
표 옮김, 커뮤니케이션북스

『30년 전쟁』, C. V. 웨지우드 지음, 남경태 옮김, 휴머니스트

『결코 사라지지 않는 로마, 신성로마제국』, 기쿠치 요시오 지음, 이경덕
옮김, 다른세상

『예수회 역사』, 후안 카트레트 지음, 신원식 옮김, 이냐시오영성연구소

『종교개혁 시대의 천년왕국운동』, 박양식 지음, 한국학술정보

『중세의 가을』, 요한 하위징아 지음, 이종인 옮김, 연암서가

『수녀원 스캔들』, 주디스 브라운 지음, 임병철 옮김, 푸른역사

문화

『북유럽 르네상스의 미술』, 크랙 하비슨 지음, 김이순 옮김, 예경

『교회 예술과 건축』, 헤더 손턴 맥레이 지음, 최지원 옮김, 시그마북스

『근대문화사 1: 르네상스와 종교개혁』, 에곤 프리델 지음, 변상출 옮김,
한국문화사

『루터와 미켈란젤로』, 신준형 지음, 사회평론

『목판화로 대조한 그리스도와 적그리스도의 생애』, 필립 멜란히톤 지음,
루카스 크라나흐 그림, 옥성득 옮김, 새물결플러스

『성상 파괴주의와 성상 옹호주의』, 진형준 지음, 살림

『한스 홀바인』, 노르베르트 볼프 지음, 이영주 옮김, 마로니에북스

『선녀 여왕』, 에드먼드 스펜서 지음, 임성균 옮김, 나남출판

『천로역정』, 존 번연 지음, 최종훈 옮김, 포이에마

『실낙원』, 존 밀턴 지음, 조신권 옮김, 문학동네

『말로선집』, 크리스토퍼 말로 지음, 강석주 옮김, 나남출판

『말피 공작부인』, 존 웹스터 지음, 강석주 옮김, 한국학술정보

타자

『유럽은 어떻게 관용사회가 되었나』, 벤자민 J. 카플란 지음, 김응종 옮김,
푸른역사

『그들은 어떻게 이단이 되었는가』, 알리스터 맥그래스 지음, 홍병룡 옮
김, 포이에마

『폭력에 대항한 양심』, 슈테판 츠바이크 지음, 안인희 옮김, 자작나무

『관용의 역사』, 김응종 지음, 푸른역사

『마녀를 심판하는 망치』, 야콥 슈프랭거·하인리히 크라머 지음, 이재필
옮김, 우물이있는집

『마녀』, 주경철 지음, 생각의힘

『세일럼의 마녀들』, 로절린 샌저 지음, 김영진 옮김, 서해문집

『종교와 마술, 그리고 마술의 쇠퇴』, 키스 토마스 지음, 이종흡 옮김, 나남

출판

『바다의 제국들』, 로저 크롤리 지음, 이순호 옮김, 책과함께

『기억과 편견: 반유대주의의 뿌리를 찾아서』, 최창모 지음, 책세상

『마테오 리치, 기억의 궁전』, 조너선 스펜서 지음, 주원준 옮김, 이산

도판 목록

종교개혁

THE REFORMATION

초판 1쇄 발행 2016년 12월 22일
초판 2쇄 발행 2023년 2월 1일

지은이 피터 마셜   **펴낸곳** (주)교유당   **펴낸이** 신정민
옮긴이 이재만   출판등록 2019년 5월 24일
                                          제406-2019-000052호
편집 최연희 김윤하   **주소** 10881 경기도 파주시 회동길 210
디자인 강혜림   **전자우편** gyoyudang@munhak.com
저작권 박지영 형소진 이영은 김하림   **문의전화** 031.955.8891(마케팅)
마케팅 김선진 배희주   031.955.2680(편집)
브랜딩 함유지 함근아 김희숙 박민재   031.955.8855(팩스)
        박진희 정승민
제작 강신은 김동욱 임현식   **페이스북** @gyoyubooks
제작처 한영문화사(인쇄) 한영제책사(제본)   **트위터** @gyoyu_books **인스타그램** @gyoyu_books

ISBN 978-89-546-4380-1 03920